U0838704

名家教你办企业

公共式托管

——自主管理班组创建

PUBLIC HOSTING

姜上泉◎著

暨南大学出版社
JINAN UNIVERSITY PRESS

中国·广州

图书在版编目（CIP）数据

公共式托管：自主管理班组创建／姜上泉著．—广州：暨南大学出版社，2013.10

（名家教你办企业）

ISBN 978－7－5668－0670－3

Ⅰ.①公… Ⅱ.①姜… Ⅲ.①班组管理—研究—中国 Ⅳ.①F425.6

中国版本图书馆 CIP 数据核字（2013）第164900号

出版发行：暨南大学出版社

地　址：中国广州暨南大学
电　话：总编室（8620）85221601
　　　　营销部（8620）85225284　85228291　85228292（邮购）
传　真：（8620）85221583（办公室）　85223774（营销部）
邮　编：510630
网　址：http：//www.jnupress.com　http：//press.jnu.edu.cn

排　版：广州市铧建商务服务有限公司
印　刷：广东广州日报传媒股份有限公司印务公司

开　本：787mm×960mm　1/16
印　张：13.75
字　数：219千
版　次：2013年10月第1版
印　次：2013年10月第1次

定　价：28.00元

（暨大版图书如有印装质量问题，请与出版社总编室联系调换）

未来企业的自我革命及内化与拓展

——现场托管战略班组（代序）

取得卓越业绩是所有企业的首要目标，运营效益和战略定位是实现这一目标的两个关键，但人们往往混淆了这两个最基本的概念：运营效益意味着在相似的运营活动中，能比竞争对手做得更好；战略定位则意味着运营活动有别于竞争对手，或者虽然类似，但是其实施方式有别于竞争对手。在现实生活当中，几乎没有企业能一直凭借运营效益方面的优势立于不败之地。运营效益代替战略定位的最终结果必然是零和竞争、一成不变或不断下跌的价格以及持续上升的成本压力。

但进一步思考，什么才是真正的核心战略？全面的企业战略还存在哪些缺项？甚或企业是否存在战略思维与管理？毋庸置疑的是，企业战略已成为一个企业是否有未来的实证，战略管理才是企业立于不败之根。

一般认为，战略管理是一种以企业资源为基础的能力优势，而且是异质性战略资源，如技术、品牌、企业文化、营销网络、人力资源管理、信息系统、管理模式等。只有在这些方面强化突出，建立互补性知识与技能体系，才能使企业获得持续性差异竞争优势。

但是，只做到这一点，显然是不够的。

既然战略管理是一种能力优势，那么精心寻找“异质”（在这里寻找差异优于缔造差异），显然不是能力而是一种技巧。

能力优势的本质，不是比“异质”，而是比“同质”。

企业文化的形成，并不是“异质”化管理的结果，而恰恰是“同质”化管理的结果。

因此，战略管理的重点，并不在于“同”与“异”，而在于“优”与“劣”，即优于对手的能力和保持这种能力的特质。

战略管理并不完全是为了“异质”化管理而存在，其中最重要的企业文化恰恰就是同质化管理。文化并不是战术层面的东西，而同质的文化则是最大的战略管理内容。文化的战略管理，并不是在创新中寻找异质化。真正的战略管理，事实上已经与传统的战略管理认知不同了。

战略管理的现代性使之有渐渐成为战术管理的征象，战略管理与战术管理的边界在全员自主管理的前提下渐渐模糊化了。而战略管理的核心则依然是企业文化。

企业在行为上获得战略优势并不难，难在多数企业缺乏理念上的高度认知力（或者是认可）——从文化入手，并以文化为基础，获得竞争优势。

企业战略的一般特征有三个：第一个是整体性；第二个是长期性；第三个是基本性。显然，托管型班组概念指向符合上述所有战略特征。

基础管理包括计划管理、流程管理和组织管理，这是企业生存的关键。

托管思想，在基础管理中，具有独特视角。

托管思想体系，在对传统管理思想批判的基础上，提出了管理上新的平衡理论。权力与责任一直是管理中需要平衡的两个方面，让这两个方面处于平衡状态是组织管理要解决的问题。细细体会组织设计的古典原则，不难发现它只是力图平衡权力和责任这两者之间的关系。

从狭义上来说，托管是现场公众式托管的简称；从广义上来说，托管是企业文化、普世价值观、新型的企业关系、企业与员工信仰等诸元的总称。

托管，在于能够托管和愿意托管；在于文化、信仰、精神的根本质变和企业全员的自我升华。

现场托管，是企业的管理形式，托管重点在现场。具体是指，在富有个性的企业文化和具有良好的现场员工素质的前提下，在目标、责任、制度、程序建立健全时，以员工高度自我管理形式建设企业和实现以人性建设为最终目的的管理方式。

现场托管，把企业管理权（首先是指对员工的管理），从企业主和职业经理人交托到员工自己手上，让企业管理消除了管理本身带来的控制意义上的不良影响，从而令传统管理本质发生质变，让每一个员工以完善自我的手段，有效并尽可能地参与企业管理，达到全员管理的企业管理目标，令企业以战术创建完善战略。

我们要努力在托管中创建这样一种局面：人们不再依靠权力和职位来传递信息和指令，高度的自我管理和标准化、责任、道德、素质将促使员工的自我管理，并在建设人性的过程中，形成创新型班组、改善型班组、学习型班组。在新的托管中，管理含义更新，所指的管理意味着自我管理而非别人管理。“先锋企业”如华为、海尔、联想等，十分重视“转变员工观念”，这就是致力于托管管理思想体系中，员工的自我管理能力、条件、机制的培养与成就。

托管与现场托管的关系是相辅相成的，只有完成托管，才能实现现场托管。只有完成现场托管，才标志托管的实现。因此，托管是现场托管的条件。

托管，是战略。真正的战略管理要求管理者要有承担风险的勇气和能力。但中国的企业在这方面显然缺乏足够的勇气，于是中国的企业家，大多都停留在战术管理的浅层次上面。

德鲁克在《动荡时代的管理》中说：“真正的战略管理是管理明天的不确定性。”但是，人们往往停留在德鲁克这段话的字面意思上，而不去思考它的另一层意思：德鲁克并不是单纯表述，而是要求，即战略管理核心部分实际上是确定的、必须的、非物质层面的。托管是确定的，从托管的方向到托管的本质和目标预期都是确定的。

企业托管具有以下三个方面的意义：

（1）提供了进入多样化市场的潜能。

（2）对最终产品中顾客重视的价值作出了关键贡献。

（3）成就竞争对手难以保持（从前是难以模仿）的能力。

因此，确定托管就确定了企业的明天。

五型班组初步指向接近托管管理理论，但五型班组仅仅是一个口号，没有具体内涵和系统的理论作为支撑，并且其含义局限于班组，其创意没有上升到文化、精神、信仰、普世价值管理的根本层面，甚至也没有站在企业高度，所以，传统意义上的五型班组不是本书阐述的企业管理理论。但本书仍借用五型班组这个名词，冠以现场的公众式托管理论。广义上的五型班组理论，即等同于公众式托管管理理论。

姜上泉

2013 年 6 月

目录

上编　以未来见证“五型”

下编　五型班组建设实施

上编　以未来见证“五型”

有未来，才能认知五型；有五型，企业才存在未来。中国企业最大的问题，就是企业主多站在一个不正确的角度，以错误的理念、错误的方法和目的缔造企业和企业管理。因此，中国企业如果要重新站起来，也必须先从角度上更正，即需要站在未来这个角度，获得普世价值观，以缔造企业关系、自主管理、管理重心下移的方法，实现企业实质性、企业现代性的企业目标。我们称这样的理念为五型理念，称这样的管理为五型管理。

第一章 传统守旧理念及误区

一、企业现状

企业现状包括战略管理现状和技术管理现状。

（一）战略管理现状

1. 理念不彰

企业在经营活动中，文化理念空置，经营理念呈现单一物质利益化的内涵，企业关系松弛甚至恶化。

2. 文化缺位

企业唯眼前利是图，把文化工具化、文化利益化、文化服务化并藐视文化，使企业商业化，漠视企业隐性契约关系，漠视或放弃文化对人性的建设功能，不愿承担人性建设的企业责任，往往从利益目标的尝试失败中放弃企业文化建设，忽视文化战略化与目标化，更不认可企业责任中存在对企业成员人性的建设性责任。此外，曲解文化、误知文化，不能在对社会文化批判的基础上，形成企业文化与社会文化的分界线，并由此形成文化建设前提，引导并推行企业文化。

3. 战略管理缺位

只重视流程管理、组织管理，导致战略管理缺位。战略管理缺位的普遍性具有社会性与文化性成因，这并不是通常人们误解的所谓的短视。

企业的成就，从来都是反映社会成就与文化成就的。于是，企业成就因此成为社会与文化成就的明显标志。

欧美企业与日本企业的成就，代表了其社会成就与文化成就。因此，企业的成就，在一定程度上是一种宿命而非选择的结果。

战略管理与社会、文化关系密切。企业战略管理的不当，其一，是缺位；其二，是战略管理失败。与其说是中国企业战略管理失败，不如说是中国企业普遍战略管理缺位。

当外资企业进入中国，其失去原来文化的滋养，抽去文化内涵的战略管理注定要失败；随之而来的是严重的战略管理变形；再生的企业成员和大氛围中外环境下的许多境外企业，即使在明确的重塑企业战略管理的思想下，企业自身的能力被客观削弱后，也很难重现企业原来如鱼得水的境况，这令原来有良好运作背景的世界强企感到迷惘。

4. 守势生存

国际与国内生存大环境改变，低成本优势顿失，中国式企业成功模式被打破，在华企业优势不再，守势生存成为企业幻想和一时找不到出路的中国企业的不二选择。

就企业决策层而言，恐怕在现有环境下，这是面对现实唯一的出路了。

5. 失去创新而规避风险

创新首先来自思维与创新欲望。但显然，在中国民族性、制度与文化熏陶下，在不具备创新能力、思想与环境下，中国企业降低愿望而求生存保障的抉择比选择承担风险的创新更具有中国人的谋略特征。

6. 道德缺失

管理者，必须懂得在企业不致力于个人道德和公共道德的推行与制度性的尊崇下，单凭良好的绩效管理、目标管理、现场管理及海尔式的细化管理加强责任（统计办公室的每一块窗玻璃，在每一块玻璃上面写下擦玻璃者的名字，责任落实），在管理上是不可能达到领先于国内而离国际化仅一步之遥的水平的。

责任催生不了文化，更催生不了创新能力与自我管理。同样，过度细化的责任也不可能成就自我管理。没有文化的责任，驱赶并机器化员工的人性，不仅表现出不重视员工尊严和放弃开通渠道来建设人性与企业个性的负面形象，反而还陷企业于同员工本质对立和管理对人性的对立之境。

企业存在道德要求，但企业并没有把道德建设列入管理内容，更没有在道德建设和决策层方面制订一个计划，然后实施、感受，再进行改善。

在企业，形成更多的共识是：依靠制度、奖惩或类似刚性律法的手段，不只对员工行为进行规范，而且还对软性的道德提出目标，以达到服务技术管理的需要。共性之下，企业从没有基于道德本质建设制定制度，并对制度本身提出思考与要求。

7. 责任缺失

在企业追溯员工个人素质的时候，多会停留在现象上，并在事情的表层进行原因解析。在实际管理中，管理者往往会说问题源于责任心的缺失，但企业却根本没有对企业内整体道德进行全方位建设。实际上，在整个企业精神内环境没有根本改变的前提下，员工的责任心并不能维持太久。不是人们不知道责任心、道德对于管理、工作、人际关系、执行力、反省方法与习惯、文化建设、创新能力、学习愿望、效益等的提高的重要性，而是企业缺乏整体的内环境计划性建设。

8. 执行力弱

执行力的强弱，既有技术原因，也有文化原因。执行力的维持、加强、更新、创新，既是战略管理的范畴，也是技术管理的范畴；既是企业战略工程，也是战术任务。这项管理内容或目标，既需要长期考量，也需要短期激励。

（1）激励制度、督导制度、考核制度不完善。

这并不是指制度不健全、没有细化、可操作性差，而是指制度本身的内涵不具备建设人性的条件，因为制度本身破坏了制度的立意，伤害了制度本应有的愿望。

（2）员工技能欠缺。

员工总体文化水平较低，无心于企业，无心于技能或不能有心于技能。

（3）文化原因。

员工没有归宿感、凝聚力、公平的工作环境以及责任心。对“执行力是什么”认知模糊，对如何提高执行力不感兴趣，把工作目标置换为对直接上司负责。

（4）来自企业层面执行力弱的原因。

企业所致执行力退化的原因，或在于决策层管理不善，比如企业关系恶化。企业关系不良，会直接影响执行力的保持和加强。企业关系退化成简单的雇佣关系，而没有把隐性的契约关系确立目标、任务，并加以计划、执行、检查和改善的思想。

（5）来自班组常规管理所致执行力弱的原因。

班组原因所致的执行力不高的原因，同样在于决策层管理不善。班组层面没有对执行进行适当教导、引导、督导，或班组内公平机制不完善、公道不彰、竞争氛围不良、工作教导不足等所致的执行力不善。

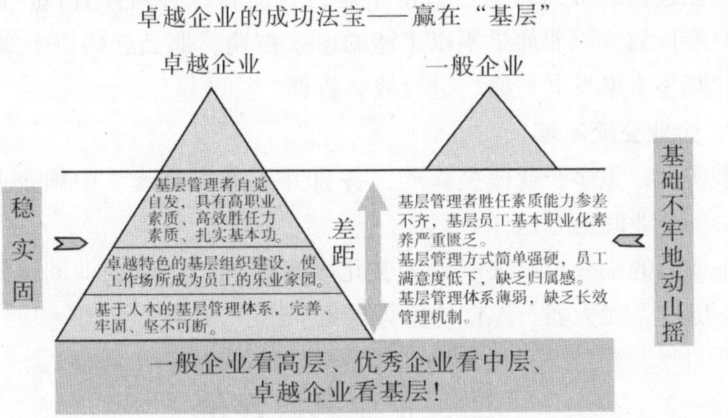

图1－1　卓越企业与一般企业在基层管理上的差距

（二）技术管理现状

1. 用工、人才短缺

国企随着外部人力市场的喜忧而喜忧。大部分国企，没有良好的用工环境，盲目乐观与悲观并见。企业内只把人性化管理停留在口头上。企业与员工是两张皮，企业只负责员工的工资，企业商业化，雇佣关系显性化；企业用工思想，并不以过去获取人工红利的利润方式为耻，还沉浸于暴力文化下的昔日美丽幻景中。

外企同样面临越来越严重的人才流失问题。外企员工平均流失率为16.5%，外企员工队伍的人才危机正在显露，而具有国际经验的经理人更是稀缺。

最近企业所面临的戏剧化的用人局面，体现了企业对用人所持的越来越明显的不良心态，这也是用工短缺的原因之一。

在近五年中，企业在用人（包括普工与高级技术人才和管理人才）上所呈现出的尴尬局面，即当外部环境显示用人环境一宽松，企业就自鸣得意，恢复到了以前以为人力资源取之不尽用之不竭的不良心态中。于是，企业在用人行为中，不免充满粗暴、不理性、不人性等行为，显示了作坊式企业本质；而外部用人环境一差，企业就慌不择路，上街招聘，许诺高工资、高福利，毫无原则地讨好员工。

企业家必须看到，过去廉价资源维持企业丰厚利润的美景已不再；其必须在过去的暴力行为上获得企业自我反省；必须怀着愧疚制订新的企业发展计划。原罪如果不以集体的形式被罚，那么起码以个案来先觉，并以此调整未来发展方略，进行战略管理。

2. 企业交流不够

事实上，很多企业壁垒森严，各自并不进行交流。中国企业间是这样，中外企业间更是这样。

企业间的壁垒，反映了地域文化本身影响力弱和企业间汲取文化的机制不健全、能力弱、愿望缺位等现象。

二、企业形象评价

作为普通公民，又怎么看待在中国经营的内外资企业呢？外在的评价，作为企业内人士，相信都会得出与民众相近的答案。

前不久，国外做了一项关于“世界眼里的中国企业形象”的调查。实际上，即使不去调查，中国人自己在剥离官方意识形态倾向化后，也并不否认这些结论的正确性。甚至在优于外国人知情的情况下，真实的评价会更趋向恶感。该调查结果如下：

（1）“低成本”（1 882 人认同），含有血汗工厂、剥削等意思。

（2）“快速扩张”（1 931 人认同），表示强大、快速、扩张等意义。

（3）“企业和员工形象不协调”，表示中国企业整体形象无代表性，员工素质和形象不统一，企业和员工形象没有企业文化的影子。

附：企业形象评价指标

1. 外部评价指标

欣赏度：

（1）从整体上来说，是否欣赏国内外私营企业投资者或国有企业。

（2）对于私营或国有企业所做的一些行为，是否感觉到他对于普通民众和消费者是友好的、亲近的。

社会形象：

（1）企业做了一些什么样的工作，会使其在社会责任形象方面获得较好的印象。

（2）是否看好国有企业和民营、外资企业在中国的发展前景。

（3）若有机会，如何在国有企业、民营企业、港台外资企业中选择工作单位。

（4）在同等条件下，会选择哪一国或地区的产品。

2. 内部评价指标

（1）企业文化。是否欣赏和喜欢企业里面的文化形态。

（2）员工发展。在企业内部给员工发展的软硬件是否充分适当。

（3）管理机制。是否欣赏企业管理模型和实行的管理规则。

（4）公共关系。在企业和政府、民众以及媒体之间采取一种什么样的态度。

三、传统守旧企业六大管理误区

1. 轻视文化战略，战术管理不完整

企业关系不彰，班组委托式管理，从而让战略管理缺乏战术支援，战术管理缺乏战略支撑。

实际上，没有战术管理就没有战略管理；没有战略管理就没有战术管理。战略管理缺位后，必然导致战术管理缺位。

就现代企业管理而言，战略管理并不停留在决策层面。如果战略管理不能下达至员工层面，企业就不会有从战略管理上获得目标成就的可能。与此相同，如果战术管理不能上达至决策层面，战术本身也不能完善。

2. 轻视文化，决策层游离于企业管理之外

就管理方法而言，决策层是企业第一需要进行管理的对象，并需要在对其管理方法进行深入研究下展开管理工作。显然，只有决策层被管理好了，企业才能被决策层管理好，员工才能被企业管理好。

举个例子，一个国家如果很强大，那么最与众不同的则是这个国家对总统的管理。这种管理有司法的、有制度的、有媒体的、有公众的约束。哪个国家对总统的管理，细致到对其私生活进行监督，哪个国家管理能力就强大，大到可以把其沦为被全民审讯的对象，以至于任何一个弱小的公民，轻易就可以通过自己喜欢的方式，行使自己的这种对总统的管理权。而这样的权力，有时候甚至不需要总统是否真的做过了什么，只需要在一个正义的借口下就可以进行。

企业与一个国家也是同样的道理，起码在企业渴望国际化时，在决策层被管理上，应当是同一个道理。

3. 撇弃文化，管理一直行走在禁区中

企业一直行走在管理误区和禁区中。行走在误区，还有可能被理解，但是行走在管理禁区，比起行走在管理误区中，更令人触目惊心。背弃文化甚至厌恶谈到文化，是走到误区。欺骗员工、欺骗企业（自我欺骗、不建设未来）、欺骗社会（不良企业行为）、欺骗自我（挣钱是企业主唯一的企业目标，与自我融合后同样是个人目标），便是行走在禁区了。

4. 误解文化，文化被活动化、运动化、工具化

在国家性的企业管理不良现象中，往往有一个明显却被绝大多数企业置之不理的原因，那就是企业文化。但是，一些企业问题专家至今也不明白，人们究竟是对企业文化认知不到位，还是主观上刻意回避企业文化，甚至厌恶企业文化。

企业文化被忽视的原因如下：其一，认知不足。从企业文化现状看，企业对文化的认知往往严重不够。其二，不愿认知。企业本身被自己轻视，不打算企业未来，这是客观上不进行企业文化或自认为无时间进行企业文化的一个原因。其三，企业文化没有直观利润。这是可以想象并可以在想象中就确认的普遍原因。于是，企业文化往往因为需求被上司当作恩惠，以活动形式赐予部下。而上司往往认为，这样的活动是一种管理上的方法，即具有调剂功能。

5. 管理者热衷于管理工具的应用

企业非常热衷于西方的先进管理工具，而企业管理者也始终难以发现，除了用严厉的制度化、严刑般地约束员工行为来提高效率外，究竟还能从哪些方面在管理上进行突围；同时，企业管理者也不认为西方国家的企业除了先进的科学在管理上的应用，还有哪些值得炫耀。企业管理者自身缺乏理解管理的能力、信息，自身选择看待管理的角度不正确，自身心态不良，自身所处文化背景不良，不能够也不会在管理上寻找到突围之路。

6. 撇弃文化，企业与员工只是简单的雇佣关系

如果认为企业与员工就是简单的雇佣关系，那么认知企业管理在理念上就没有多少可探讨性，在企业处理与员工关系时，也就变得非常简

单了。在简单的因果关系论证下，结论几乎是一个明摆着的答案。这样的结论，往往以上级的情绪化也是最客观的一句话作为了结：愿干就干，不愿干就走人。而结果，也往往是一种：愿干的就忍气吞声继续留在工作岗位上；不愿受气的，就马上拿着争分夺秒写出来的辞职书（不把握时机的话手里拿着的就有可能是辞退书）去财务处结账，然后，走出也许是工作了一天，也许是工作了十年的企业大门。

7. 等级情结

等级情结来自于人性弱点的不良企业思维，存在于一种情结中，就连企业决策者自己也很难在问题出现后，清晰地根据自己的某些行为探寻到真正的原因。

企业决策者往往具有等级观念，进而在制度上、在企业行为中有意无意缔造这种错误思想与行为。管理者或者认为，彰显等级观念利于形成金字塔式的管理，从而减轻管理带给决策层的压力；又或者认为，等级的形成，正是企业努力形成企业个性或企业文化的一个通途；甚至以等级行为彰显或向员工宣告这样一个真理：企业倡导竞争，企业以等级表达自己的价值观，并描绘出一幅获得嘉奖后的实况。

8. 控制情结下管理非人性

对控制的热衷，缘于管理者自身的恐惧，渐渐演变成与工作无关的控制情结，扭曲普世价值观中的自由性，这样不仅不能通过企业建设人性，反而是在利用企业破坏人性建设。

四、传统型班组管理问题探因

传统的班组管理问题，有来源于班组自身的，但更多的是企业方面造成的；有来源于企业技术层面的，但更多的在于企业文化层面建设缺项、人性建设回归缺位，即价值观扭曲、理念不正、企业文化不彰等。

1. 理念上的、文化上的、认知上的

（1）决策层对班组管理认知不够。

（2）决策层与班组的关系单一并且离断。

（3）班组是单一的执行者。

（4）班组在企业中处于最低层。

（5）一线员工是被管理和控制的，员工与管理层有敌对性。

（6）不能越级上报，要服从上级领导。

不能越级上报等管理行为，框定了一条直线型的思想表达路径。言外之意就是不允许员工存在无序的表达。但是殊不知，思想的特殊性和意见表达的一般性，无益于管理秩序的建立，反而有压制思想之嫌。不允许乱序表达，并非出于真正的管理思想，这样一条潜规则显然是社会文化造成的。

（7）员工只对班组长负责。

这显然也是维护管理秩序需要的结果。但实际上，这样的管理思想，无疑把管理神圣化、绝对化和人格化了，即对职位形成偶像化。于是，对错并不重要了，只要无条件执行就可，这是现代管理思想的大忌。

（8）企业与员工没有更加紧密的联系。

（9）员工个人理想并不能够与企业联系在一起。

（10）把形成等级制度误当成管理的常规内容。

（11）热衷于人治和控制，而轻法治和人性化管理。

（12）并不认为员工应当参与管理的管理思想。

（13）没有归宿感。

班组内出现这样的问题，班组长几乎没有办法解决。因为这样的问题往往伴随着企业大的策略失误而产生，比如企业内严格的等级制度形成的干部与员工的住房、饮食、福利、通道（规定某些通道只属于某些人专用，这些通道专属权与生产无关）、工资及其他差别，还有试用期过长、报酬太少、工作太多、加班时间太长、赶货期大量招人而淡季以放假为由变相裁员、无福利或福利低于平均水平、居处条件差、没有像样的企业文化体现普通员工的人格尊严、对员工个人生活关注度不够或根本不关注等一系列问题。

这些问题涉及企业理念、价值观等，影响班组管理进步，成为班组管理上的难点，但如果企业高层不设法在企业内进行精神层面、文化层面等触及灵魂的变革，班组将只能听之任之而无所作为。

2. 行为上的

（1）交易性的工作态度。

不良的企业文化，影响着企业所有成员。

交易性工作态度，不只存在于员工层，决策层也不认为企业与员工在显性契约关系即简单的雇佣关系之外还有其他什么，尽管决策层要求员工在这样的简单关系之下“以厂为家”，但往往在管理上普遍存在口号与实际管理“两张皮”的伪文化情形。这样的情形，与世俗文化中的世俗现象完全相同。不难肯定，其来源也正是当下中国不良的世俗社会。

（2）只对今天负责，不对昨天和明天负责，认为明天和昨天都不属于员工。

企业关系中，企业或班组与员工不存在刻意缔造的关系，而是始终处于一个简单关联状态。只顾及今天，不管昨天和明天，能够交代今天的同义词就是能够交代直接上司，甚至不看工作质量，以过关的心态完成工作任务。工作与关系都缺乏计划性和长期性。

（3）懒惰。

懒惰来自于人性的弱点，但真正懒惰的人是极少数的。

懒惰往往是企业公平机制出现了问题。而这样的问题，除了一般管理上的常见问题外，比如奖惩措施不当，就是先进反而受到潜在打击的原因。

（4）被动工作没有创新性。

当一个企业总体上管理落后，企业文化不良时，班组员工并没有创新意识，并且也没有创新能力。

创新，是员工对于工作的一种乐趣，是员工总体上认可企业的表示。没有创新性，根源在于员工没有创新的动力。员工获得了创新动力后，势必还要有创新能力。创新能力则来自于学习和对工作的热爱。

（5）未曾从文化角度考虑士气。

企业不兼营士气，班组便从不考虑士气。士气在一个文化总体不良的班组内，实在无从谈起，也实在没有人去兼管士气，士气只存在管理学意义上而不存在于这样的班组内。在这样的班组中，制度、管理内容、上司、氛围都不支持士气的养成。于是，整个班组死气沉沉，工作只是为了工作本身，是为完成显性契约关系而在被动中进行着的。

（6）班组长负责班组建设。

把班组建设、班组管理重任放在班组长身上，是传统式班组问题的最大歧路。其实际上与还没有认识到企业管理重点在班组这个问题上，并没有什么本质区别。

企业看重班组是企业管理重点，并想以促进班组建设、管理而改变整个企业，但多数企业的做法却是盯紧、寄望、要求班组长，以期班组长成就班组，班组成就企业。

（7）班组缺乏自主性。

在传统型的班组管理活动中，班组长往往受制于上级管理者或管理部门，甚至同时受制于自己的员工，从而觉得在管理上举步维艰，于是班组的管理显得缺乏自主性。这种局面总体来说不是班组自身问题造成的，而是整个企业管理问题造成的。除此之外，班组长自身的自主性也不能够充分发挥，其主要原因在整个企业的决策层。

3. 制度上的

（1）过度细化带来泛制度化。

企业管理者常以为管理的难点在于不能细化，故在细化的管理思想中，努力使工作能够量化、制度化、规律化、奖惩化、是非化、考核化，并以简化管理达到减轻管理难度，以责任转嫁诠释管理本质，将显性化管理误解成自主管理与管理国际化，从而自认为找到了解决管理难题的诀窍和进入国际化的坦途。这是典型的中国文化影响下的思维方式和中国式误区。

（2）制度的文化含义是加强对员工的控制能力和意图。

（3）等级制度的制度化。

（4）自上而下的单行式管理制度。

4. 企业不升级

第一代员工也许确实因为过度注重获得有形报酬，而令企业文化处于偏废的客观实际。但今天员工已经进入第二代了，文化需求进入必然阶段并且是急迫阶段，无论是员工还是企业都存在文化需求，故无论是员工还是企业都到了该升级的时候了。

五、结论

1. 混乱的价值观是企业没有未来的根本原因

中国企业深受不良社会文化影响，对社会文化没有批判意识、自身批判能力不强，不能够获得理念上的优势，从而导致企业文化整体上处于缺位状态，企业本质受到质疑。企业在狭义管理上，处于被动局面，没有创新、没有氛围。企业处于作坊阶段，并且迟迟停滞于计划经济与市场经济的缝隙，前进与后退都不可能，陷入两难境地，毫无现代性可言。这样的企业，员工、社会和市场不会给予其未来，即使是企业主或企业自己，也不会给予企业未来。

一个没有理念的企业，也就等于一个没有理想的企业；一个没有理想的企业，也就等于一个醉生梦死的人。这样的企业，最终只会落得个朝不保夕的结局。

2. 排斥普世价值观，难以在本质上成就企业

对理念混乱，甚或理念缺位的企业而言，排斥普世价值观的企业，纯粹就是自己贴上邪恶的标签。这样的企业以暴力替代管理，最终形成畸形的暴力维护下的秩序。这样的企业，目的很明确，那就是得过且过，不期望有未来。

这样的企业，在没有解决企业主价值观之前，企业与未来一切都不相关联；这样的企业，实际上就是一个人的企业，虽有员工，但员工毫无归宿感，即如一个不良社会，人心思乱，而不是人心思治；这样的企业，企业成员的偶尔结合，纯粹是一种临时性的同行；这样的企业，如同肥皂泡般脆弱和虚幻。

3. 困境之外还有困境

中国企业不知道是应该走出困境，还是在困扰中选择困扰，留在原来的困扰内。而中国企业在中国的困境，是因为不知道走出当下的困境后，是不是还会进入另一个困境，即不知道哪里才不是困境。没有企业理念，没有企业明天，不知道如何做大、做强。在中国，企业困境的自我性和社会化程度很低。

4. 应对危机就是等待危机

中国企业不认识危机，并且在危机来临后，又长于寻找风暴眼中的片刻安宁。不只不认识危机，而且不能够应对危机；不只不能应对危机，甚至成为自我危机的制造者。

中国企业不能正确认知危机，但常常会对风险过敏。一有风吹草动，便会采取守势，把任何长期的不赢利的企业行为都视为风险，犯上了风险过敏症，甚至会把机会也一概视为风险，进行中国式的风险化处理（在风险中与其说是等待，不如说是等死）。

5. 外资企业存在文化茫然

（1）对异环境下的文化倍感茫然。

（2）对异环境下的文化交流途径不知所措。

（3）对异环境政策背景不给予信心。

（4）对异环境下政策优势还具有依赖思想。

（5）对现在所处异环境下的突围并没有应有的警觉。

（6）对异环境的发展缺乏足够信心。

因此，外资企业在中国的困扰，是不知如何走出中国式的困境。

6. 中国企业不准备明天的计划

不是没有计划，而是不准备计划。中国企业知道发展前路上不只一个困境，而是困境中存在困境，甚至企业自身也是自己的困境，所以，他们在一定程度上是选择了困境。

7. 外资企业找不到摆脱困境的出路

外资企业试图摆脱这一困境，但寻找不到出路。

第二章　五型体系初探

一、狭义五型班组

一般认为，五型班组指的是技能、管理、创新、和谐、效益。而有的企业认为，五型班组是指学习型、创新型、节约型、安全型、和谐型，或据自己所愿与需求增删文化型班组、活力型班组、营销型班组等。不论五型班组具体指的是哪五型，不外乎几大方面：技能型或学习型；管理型或自主型、节约型、安全型；创新型或活力型、学习型、自主型、效益型；和谐型或文化型、学习型、自主型；效益型或营销型、绩效型。

五型班组的称谓，旨在与传统型班组对应并倡导一种有别于传统管理思想下的新型班组，但此前对五型班组并没有形成系统的理论。

一般的五型班组含义中，也许有两点是明确的：其一，对传统型班组的批判倾向；其二，倡导企业把管理重心下移到班组层面的管理理念。

在狭义五型化（企业五型化即五型班组）的基础上，如果不去丰富广义五型化理论（班组建设之公众式托管），使其于企业实际有益，那么狭义五型化就纯粹是一种类似口号的东西。

广义五型化包含以下内容：第一，作为理论，必须具有系统性；第二，必须具有现实指导意义；第三，必须对企业现状在一个五型化视角下，提出问题所在；第四，五型化结果必须是真实的，即具有针对企业现实问题的解决办法；第五，其理念的本质内涵必须体现普世价值观和属于普世价值观范畴的审美观及体现普世价值观的人生观。

广义五型化的存在使狭义五型化的存在与实施提供了可能。广义五型化的存在，让狭义五型化之技术、管理、效益、创新、和谐具有了真实性。

广义五型化的本质：企业的文化本质、管理的文化性、企业的社会性、管理重心下移、管理要人性化。

广义五型化的存在形态：存在于企业理念、企业文化、企业关系、企业行为、企业管理中，存在于企业各个层面，存在于企业势力所达之社会。

广义五型化视角下的企业现状和问题：没有文化本质、信仰，理念不彰，企业关系缺位，控制思想，管理缺乏人性化。

广义五型化提出的解决方法：从企业关系、管理重心下移、自主管理三方面入手，首先要建立并建设企业关系。企业关系的优先建设目标是：企业与员工、技术层（物质层、经济）与文化（理念）、决策层与企业、决策层与员工、决策层与自我关系以及员工自我关系。

广义五型化对企业本质透视：企业本质具有两重性，当企业摆脱经济基本需求而进入文化性，企业便获得了实质性、现代性与未来性。

广义五型化与狭义五型化的关系：广义五型化把狭义五型化当成五型化的高级目标之一。狭义五型化服务于广义五型化，而不是广义五型化为了狭义五型化而存在。广义五型化是企业的终极目标，而狭义五型化则是达成广义五型化的手段。

狭义五型化即五型化范围在班组，五型化的五个方面的内容发生在企业技术层面。

1. 技能型班组

技能型班组，也可以叫学习型班组。因为身处第一线的员工，不学习无以成就其技能。

员工在重点学习岗位技能与知识的基础上，全面学习现代科技、法律法规和人文学科等方面的知识，不断拓宽知识面，优化知识结构，从而使学习知识、追求发展、自我完善成为班组成员的自觉要求，形成“学习工作化、工作学习化”的理念，使班组凝聚力不断增强，员工素质和创新能力得到全面提高。

技能型班组有如下特征：

（1）人人拥有岗位技能。人人拥有岗位必要技能以及暂时不必要但是是企业其他岗位所应具有的其他技能。技能型班组，可以更广义地理解为员工的创造力。

（2）持久的学习意志与能力，学习目标明确。其一，掌握企业其他岗位必备技能，为在有必要的时候，转换、替代其他员工做准备；其二，为了实施企业宏观计划而积累所需知识；其三，为了自身素质提升而进行广泛兴趣培养和跨学科学习。

2. 管理型班组

高度的自我管理能力与高度的为企业负责的态度，是管理型班组的重要特征。而这样一个班组，必然同时伴随着较高的工作效率的出现。

管理型班组能够通过不断优化品种结构，提高产品质量等活动，使班组成本、消耗指标持续降低，以最小的投入取得最大的效益。

管理型班组有如下特征：

（1）节约意识强。班组员工形成节能减排、降本增效的共识和理念。

（2）成本、消耗指标完成好。班组在完成生产计划的基础上，班组成本、消耗指标达标并持续降低。

（3）节能降耗、降废减损方面有成效。在“节约一度电、一滴油、一滴水、一斤煤、一张纸、一块布”等方面卓有成效。

（4）安全意识强。员工牢固树立“安全第一”的理念，明确岗位安全责任，自觉遵守安全规章制度，开展安全隐患自查整改等活动，并将各项安全规章制度落实好，无违章行为。班组劳动保护监督检查严格，安全隐患整改防范率达100%。

3. 创新型班组

创新型班组是在学习型班组、文化型班组、安全型班组、技术型班组与和谐型班组形成的基础上产生的。

创新是一种工作主动性的体现，是一种主动承担责任的表现，是一种对企业氛围的认可和对企业自信的表现。创新型班组秉承创新的理念，发挥最大潜能，在经济技术指标创新、群众性经济技术活动创新、班组管理工作创新等方面人人有建树，为企业可持续发展作出积极的贡献。

创新型班组有如下特征：

（1）经济技术指标创新。开展岗位劳动竞赛，品种、质量等指标创国际国内一流水平。

（2）群众性经济技术活动创新。班组员工勇于攻关，发明创新，追求卓越，员工合理化建议、自主管理、先进化操作等活动卓有成效。

（3）班组管理工作创新。班组管理制度化、现场管理规范化、各项工作标准化，形成“一班做到，班班做到；一天做到，天天做到”的班组工作理念。

4. 和谐型班组

和谐型班组是指班组长以身作则，班组工作以人为本、以情感人，民主管理氛围浓厚，工会小组与各种非正式组织的作用发挥得好，从而体现“团结、拼搏、互助、相融、快乐”的企业文化和人际关系，建成温馨和谐的小家。

和谐型班组，实际就是亲情型班组。在班组内，大家互为兄弟姐妹，不只在工作中相互帮助，还在生活、学习、创新活动、技能活动、自我约束中都建立了共同探讨、交流、批评机制，在宽容、大度、讲真话、善意、进步方面形成班组所有成员的共同点。

和谐型班组，绝不是单纯的忍让，没有原则的让步，把问题深藏起来，而在上级面前装成热爱彼此。

和谐型班组有如下特征：

（1）班组长带头作用好，办事公道。

（2）工会小组的作用发挥得好，建成“模范职工小家”。

（3）每月或半月召开一次班组民主管理会议，民主讲评班组工作。

（4）实现班务公开，增加班组工作透明度。

（5）班组思想工作做得好，开展家访、谈心活动。

（6）开展班组互助互济，做好困难员工帮扶工作。

5. 效益型班组

效益是企业存在和追求的永恒目标。没有效益，班组会因为物质目标丧失进而导致其他目标丧失。

效益型班组时时关注效益，表现如下：

（1）关心班组创造的价值，员工对宏观方面的关注度高。

（2）班组凝聚力增强。团队精神好，班组员工有集体荣誉感和共同实现目标的成就感。

（3）员工素质和创新能力有所提高。班组员工学历、技术职称、工作效率、岗位技能水平有所提高。

二、广义五型班组

广义五型班组建设内涵等同于企业五型化。

五型班组本质是文化型。五型班组，实际上就是文化型班组，亦即以企业员工的高素质为基础目标的班组。

广义五型班组是一种新型的企业管理理念，是对传统管理理念的颠覆，是与传统管理理念完全不同的、对立的观念。传统的企业管理理念体现了企业决策者在人生观、价值观、审美观、企业观等常态下落伍的一面；而五型班组虽然说的是班组，其实却是针对企业决策层理念的质变的新要求和高要求，是一种新型、文明、国际化、精神化、道德化的企业经营新理念。

图 2-1　企业车间班组建设

广义五型班组的建设，其目标在人，从企业关系、自主管理、企业管理重心下移等方面获得企业全面目标成就。此外，广义五型班组界定了企业关系的含义，在企业的基础建设中以企业关系缔造企业全部战术与战略目标。

广义五型班组的建设目标更加广泛：学习型班组、文化型班组以及制度五型化、理念五型化、企业关系五型化、决策层五型化、战略管理五型化、生活五型化等。

总的来说，广义五型班组的范围在企业内部，五型班组的内容包括人、事、理、法、文五大方面。人，指企业所有成员；事，指企业行为；理，指企业理念；法，指企业制度；文，指企业文化，也指企业对一切文化所持态度。广义五型班组，又称企业五型化、五型班组或简称五型化。

五型班组具有以下五大关键点：

（1）五型班组是战略管理而不是当下所说的战术管理，五型班组是战略革新，这一点非常重要。

（2）五型班组建设的重点在决策层，问题也在决策层，其建设的原动力、具体操作也在企业决策层。

（3）五型班组不是管理工具。

（4）五型班组就是企业五型化，重点不在班组，而是在企业和企业决策层。

（5）五型班组管理是以班组管理达到企业管理的整体战略成就。

三、为什么广义五型化才是本质上的五型化

1. 狭义五型化不足以令企业内涵提升

（1）技术性进步不是企业根本性进步。企业技术层面的进步，不能赢得企业未来。技术层面的进步，不能体现企业的现代性，也不能令企业实质化。

（2）狭义五型化的本质意义存在于技术层面。狭义五型化不可能从广义的角度认知企业关系，也不能对企业关系在五型化中的地位、意义、方法进行描述。

2. 狭义五型化没有把管理内涵的根本表达明白

（1）狭义五型化不能回答企业的实质性与现代性两个关键问题。企业一定要具有现代性，即体现或具有现代国际社会主流价值观在管理企业活动中的行为体现。进一步地说，企业现代性就是企业具有批判能力、学习能力、更新能力、创新能力、自我反省能力和调控能力，企业终极目标的框定及企业所有经营行为在终极目标下的统一的服务性。

（2）狭义五型化对企业现状不能真实认知和界定。

（3）狭义五型化不具有对传统、守旧企业之思想、理念、文化以及整个社会文化进行批判的能力或批判态度。

3. 狭义五型化没有在管理中体现企业终极目标

狭义五型化没有体现企业终极目标，因此，也没有掌握企业管理过程中目标群中的主次关系。

4. 对事之错

狭义五型化往往舍去企业文化根本而就事论事，不愿承认企业本质的文化性，故停留在对企业管理的浅层次认知上面。

5. 对人之谬

没有通过建设人性以建设企业，也没有通过建设企业以达到最终建设人性的目的。

四、五型化简述

（一）五型化动机

五型化动机最重要的便是企业素质。企业素质不同于员工素质，也不同于企业成员素质。

企业素质包括以下三个方面的内容。

1. 企业理念的国际化与现代性

企业首先要有理念并且是正确的经营理念、文化理念、组织理念；其次，企业理念要贴近国际企业主流理念，并体现现代性，完成企业的实质性。

2. 企业决策层对企业发展的能力

企业决策层要在五型化中认知自身对企业和员工所承担的责任；要明白传统企业与现代企业的区别；要充分明确现代性程度高的企业是淘汰传统、守旧企业的主因。

3. 企业素质与员工素质

企业素质指正确的、递进的理念更新，不落伍并创新的经营策略，不断进步的企业思想，正确的企业关系，把企业与社会责任建设得更加紧密，加强主观愿望，不断更新、加强企业与员工关系，承担各自的责任。

员工素质指：

（1）回应企业素质的能力。当企业素质达到一定阶段时，企业就需要员工提高素质来匹配企业发展。

（2）工作生活化和生活工作化。工作与生活本质趋同，生活与工作本质趋同，使工作娱乐化、生活事业化。

（二）五型化目标

（1）人。人是五型化的首要目标。

（2）事。事为五型化的第二个目标。

（3）物。物指工作环境、工具、机器、企业技术等介乎于人与事之间，可为人与事服务或者利用的部分。

（三）员工五型化的方法

（1）思维的现代性、文明性、未来性。

（2）工作的现代性、文明性。

（3）生活的现代性、文明性。

（4）学习的现代性。

（5）目标确立和建设、实现目标方法的现代性。

（四）企业五型化的方法

1．基本方法（即五型化基础目标或企业管理战略目标）是企业关系重塑与再建

（1）企业内关系的检点、重塑、更新、建设。

如果企业内出现关系缺位（评定标准是主观上是否在计划与实施），那么就要建设；企业关系是否匹配发展，就需要检点；而后决定重塑即从根本上重建；更新，即指更新过时的企业关系；建设，即指企业关系建设的不辍性。

企业内关系，主要是以企业与员工的关系、决策层与员工的关系、管理者与被管理者的关系、文化理念与技术理念的关系、工作与生活的关系、显性契约与隐性契约的关系等为主要关系的一系列达到企业实质化而需要建立、建设的关系。

（2）企业外关系的检点、重塑、更新、建设。

企业外关系指企业与社会的关系。

（3）决策层在对员工关系重塑一定要投入时间。

决策层在五型化中，一定要投入时间，以期重建与员工关系。这是因为企业与员工的关系，并不等于决策层与员工的关系。即使决策层是企业主，两种关系也不能互相替代。

（4）抽象的企业关系需要具体的决策者修补。

员工主要以感知的方式认知企业，以感受建设与企业的关系。抽象的企业，也许并不会在同一时间、同一事件、同一策略或事物上产生同样的感受，这就要求企业在普遍性之外，在这种关系修复中，还要照顾到个性差异。而这种个体差异造成的缺憾与遗憾，就需要代表企业的决策层补上。

2．技术方法

技术方法指企业五型化在技术方面的目标和以技术成就五型化的过程，亦即五型化必须能够通过五型化的基本方法（基本方法同时也是基本目标），达到五型化的高级目标即企业技术目标。

五、五型化企业目标和企业分级

企业的目标决定说明企业的分级，而企业的分级说明企业的意义，企业的意义则帮助企业认知自我、改造自我，积极进行五型化。

无论是其经济的影响力或者是文化的影响力，或者是二者综合起来的影响力，企业的分级毫无疑问依据于企业对社会的影响力。但事实上，企业的影响力应当从企业影响力形成的意义上来决定。而其意义即是企业的影响力中，经济影响力所占成分与文化影响力所占成分之比。如果一个企业的文化影响力大于经济，企业存在的意义就大。相反，影响力有可能不具有积极意义，甚至是消极的或负面的。

事实上，大多数中国企业的文化目标根本缺位，企业目标单纯到只有挣钱，企业也单薄到只有老板一个人。这样的企业实际上不具备实质性，更不具有现代性。这样的企业，若应用现代企业的标准评判，将无法获得入场券。

五型化下企业目标和企业分级，同时也说明了企业在五型化中需要的三个阶段。

1．低级目标（或者说基础目标）：企业生存阶段

经济目标：获得足够经济能力，满足自我生存需要，并在生存过程中力求做到经济与文化目标平衡。

文化目标：文化目标处于认知阶段，企业应具有清晰的文化目标的实施计划；企业确立了文化目标在企业目标中的地位，并确认在泛化的文化目标所揭示的普世价值观的唯一性下，具体的企业理念为企业的最终目标。

特征：影响力局限于经济作用；文化影响力尚未达成。

企业定性：初级。

2．中级目标：企业发展阶段

经济目标：获得了足够经济能力和文化能力，但最终仍以经济影响

力见长。

文化目标：就企业发展阶段具有的中级目标所指示的文化认知阶段而言，这一阶段企业文化目标正在致力于与经济目标达到平衡。

这一阶段，是企业最难过的一关。企业经济目标基本上达成，企业处于文化目标超过经济目标，但依然让文化目标远远落后于经济目标的关键时刻。

这一时期，企业欲望往往左右着企业思想，或企业欲望背叛了企业思想、理念、文化。

特征：此阶段，企业所做的实际上更难，难在企业能否具有足够定力战胜自我。这个时候，所犯错误往往不可逆——摆在企业面前的是关键的两条路：一条通往永无休止的经济目标和物质、名利、欲望；另一条是通往文化的理性经济、理论经营、价值经营。这两条路都不会顺利，但二者的存在意义和质量有天壤之别，譬如自私与光明正大的两个人一样。

企业定性：中级阶段。

3. 高级目标：企业成熟阶段

经济目标：排位于文化目标之后，但经济目标的达成度令企业满意。

文化目标：文化目标在企业目标中排位于先。

特征：企业个性形成；企业行为体现着文化；企业文化行为建设着企业成员；企业行为以经济的形式建设着社会、影响着世界；企业在理性与感性互建中前进；企业价值相对发挥至极限，企业文化价值大于企业经济价值。

这时候的企业，不会为自身的生死存亡而焦虑。因为这个阶段的企业做了其应当做的事，企业看重这点，并知道这一点。这个时候的企业，知道了企业的真正含义。这个时候的企业超然于物外，因为这个时候的企业主把自己放得很小，企业是属于世界的，是公有的，它属于员工。

这个时候，企业以经济手段完成了企业基础目标，最终以普世价值观作为企业的核心指导思想并确立企业终极目标。

这个时候，企业缘于对经济目标失控的恐惧，会时常警醒以高度的自我修正能力，发现自我并修正自我。

企业定性：高级阶段。

4. 五型化以文化特征分期

上述分期特征，不难看出，是以文化为分期指标的。以文化作为分期指标，还可能这样分：

（1）文化形成期。

（2）文化与经济并列期。

（3）文化主宰期。

六、五型之间的关系

一个有文化的班组，就是一个有素质的班组。五型班组中的五型，并不是分隔而言的，而是互相络属，互相促进的。比如学习型班组，是创新型班组的基础。只有学习，才可能在学习的基础上，有所思考、有所创新。再比如，只有成为学习型班组，班组才可能是和谐型班组。因为学习改变或说明人们的价值观与审美观。在普世价值观中，学习是人一生的事。如果没有持之以恒的学习精神和态度，人生的意义就会减少许多。而和谐的真意，并不是稳定，而是班组内在人生观、价值观、审美观等精神实质上的统一。

在五型班组创建中，基础是技能型班组或者叫学习型班组创建的。班组所有的行为都是基于此而展开的。而在企业中，技能就等于学习。

创建五型班组，重点不是企业针对班组所做出的行为，而是企业跳过班组针对员工所做出的行为。企业在此岸，班组在中间——是桥梁，而员工才是彼岸。班组起桥梁般的沟通作用，而不是一座隔在企业决策者与普通员工中间的山。创建五型班组的重点不是企业与班组关系的重建，而是企业与员工关系的重建。重建企业与员工关系，是五型班组创建的基础。创建五型班组的关键，在于企业决策层的自我理念反省与普世价值观的回归上。

七、五型化认知六大误区

五型在之前虽没有形成系统的理论体系，但五型内容并不陌生。可是这些没有系统的内容比较含混不清，比如五型的和谐型班组太泛概念化。但是，五型企业管理内容倾向起码作出了两点贡献：其一，强调或肯定了企业管理的重心在班组；其二，五型班组的概念指向是以建设人性而达到管理的目的。但是在中国的文化和现在企业普遍不重视战略管理的情形下，五型往往被误解，并引领企业步入歧途。这种情形，往往不必过多谴责企业，因为理论性的错误往往在学术界出现并广泛传播。

1. 思想误区

在企业五型班组建设中决策层是下达指令者，这将导致：

（1）决策层对五型促进企业管理持肯定态度，但对五型的文化本质认识不清。

（2）决策层对五型的文化本质同样持肯定的态度，但对于战略和战术不能加以区别。

（3）决策层知道五型的重大意义在于战略，但战略管理能力欠缺。

（4）企业根本就没有战略管理这一项。

（5）没有完整的企业理念、价值观，漠视企业关系。

（6）习惯于进行控制，并且把控制欲望发展到了与经营无关的方面。

2. 理念误区

五型班组建设是一种企业管理工具，这将导致：

（1）对企业五型化在实施后的效果考量形成误判。

（2）对五型的本质认识不清。

（3）对文化在企业管理中的定位不清。

（4）对企业的未来把握不定。

（5）轻视战略管理导致步入认知误区。

（6）对管理就是文化的本质不清楚。

（7）对企业理念缺乏习惯、有序、计划性思维与实施。

（8）否定企业理念的应用价值。

3. 战略误区

班组建设是目的，这将导致：

（1）不了解管理的本质在于文化，管理技术层面进步的关键在于企业所有成员本身的进步。

（2）不了解企业整体进步才是根本进步。

（3）不了解或藐视战略管理。

（4）忽略对人管理是所有管理的根本。

（5）不了解或不愿意进行人性化管理，对员工于企业的意义不清楚。

（6）没有习惯性的战略思维与管理。

4. 管理误区

五型班组建设，发生在班组内，强调应在班组、建设原动力在班组、形成在班组，这一想法将导致：

（1）对管理的整体性才能体现管理的本质性认知不清，不知道整体管理才是本质管理。

（2）对五型班组的战略性认知不清。

（3）决策层对自身管理能力评估错误，对自身在企业管理中的定位不准确。

（4）对五型认知不正确。

5. 认知误区

五型化是企业为了建设班组的行为，这将导致：

（1）依凭常识性管理知识和行为作出判断。

（2）对企业与班组特征界定不清、关系不清。

6. 文化误区

文化误区会导致：

（1）对企业文化理解不到位。

（2）企业管理处于低端，尚未体现管理的文化性。

（3）企业理念缺位。

八、过度管理不是五型化管理行为

对程序、制度、规程过度信赖反而减轻责任，削弱人的主观能动性，让责任建设人性的功能流失，让企业关系无从缔造，人们不去探寻未来，不去寻找发现。

1. 过分细化的理念性错误

（1）反人性化管理实质。

（2）对管理的文化性认知不清。

（3）对精细化生产的倾向化误觉。

（4）反文化行为。

2. 借制度表现控制欲望，以监督完善控制欲望

（1）把人当机器。

(2) 扼杀人的创新精神。

(3) 抑制人的工作热情。

(4) 与管理的现代性格格不入。

(5) 与企业的实质化不兼容。

九、三经六纬九个节点

(一) 什么是三经

在五型化建设中，三经就是指启动企业五型化建设的三个根本要素，即决策层、员工、班组。

1. 五型化建设决策层是根本要素之一

(1) 五型班组建设的文化本质和管理思想表明企业是战略管理。

(2) 五型班组建设的本质思想是把企业建设、管理重心下移到班组。

班组建设，实质是企业建设，企业建设为本、为先、为大，班组建设为表、为后、为小；班组建设是企业建设的体现；没有企业建设，班组建设就无从谈起。因此，没有决策层的五型建设计划的制订、执行、检查、改善，班组建设无论以何种形式、方法进行都是不真实的和最终无效的。

2. 五型化建设员工是根本要素之一

(1) 员工的成就，才能令企业具有活力。

员工进步，才能谈得上企业素质，员工中蕴藏着无限创造力。

(2) 员工是企业主体，员工是企业的根本目标和基础目标。

没有一个不重视员工本身的企业能够获得真正的成就；没有一个不重视员工本身而只重视员工贡献的企业能够长久的。

所以，员工是五型化中的重要成功要素，是五型化中的关键目标。

3. 五型化建设中班组是根本要素之一

(1) 班组的桥梁作用。

企业对于员工，是概念性的与抽象的，员工必须通过具象的班组，通过具体的工作，通过人和事，才能形成对企业全面、彻底的认知。

(2) 决策层与员工关系的结合部。

如果没有班组（班组的本质其实是企业），员工与企业关系就不会存在或成立。

（3）班组的表征意义。

即班组建设，意味着企业管理的质变发生，意味着企业改变传统管理，并开始着重体现管理的现代性：法制管理、人性化管理、尊重式管理、自主管理、文化管理；表达着企业内涵中，对人这个生产因素管理基础的认知与认可，对管理目标的认知与认可，对企业本质的人性建设回归的肯定。企业对人的尊重成为所有企业行为的本质，尊重人并在企业经营中首先考虑人、考虑员工成为企业创建初衷与发展的本质。

基于上述原因，五型化中，决策层、员工、班组成为企业五型化的三条主线。这三条主线奠定了企业五型化建设基础，描摹出五型化建设的组织形态、动机、方向、方法和目标轮廓。

（二）三经的作用及关系

1. 决策层作用

五型化是企业战略管理，动因是决策层，发生在企业，体现在每个企业成员身上。所以，计划、执行、检查、改善在决策层。

2. 员工作用

员工占企业成员的绝大多数。绝大多数员工都处于现场。企业五型化的一个重大管理特征就是变革传统的管理重心，变上重为下移。现代企业管理上的现代性，就是对现场的极端重视和绝对建设。现场管理好了，企业就会经营好；班组建设好了，整个企业就抓住了关系结果领域。所以，员工不只是在五型化工程中企业五型化的外力、体现五型化成就，员工还必须参与到决策层对五型工程的计划、执行、检查、改善中，才符合五型化的要求。但与决策层相比，动因不发生在员工层面。

3. 班组作用

班组起到桥梁作用，同时也是物质条件和五型化之所。

4. 三经关系

决策层是原动力，是五型化的基础和条件；而员工则是五型化的目标；班组则是企业推动五型化的桥梁。作为五型化原动力的决策层只有通过班组作用于员工，才能达成企业成员五型化的目的；而只有员工真正五型化了，企业才能真正五型化，班组建设才能五型化。

原动力、目标、过程并不是一成不变的，当五型化开始后，唯一检验是否真正实行五型化的标准，是三者是否进行了良性互动。即决策层的原动力，是否成为过程，是否变化成目标（员工与班组反过来对决策层的建设作用与影响）；而作为目标的员工层，是否变化成原动力；作为过程的班组，是否变化成原动力、目标。

只有决策层与员工互相学习（这样的学习，是指在人性互建方面的学习），才能达到五型化中的良性互动。如果五型化各功能项真正良性互动了，班组建设必定也成为目标，过程必然体现良性互动的结果。

三经三者互为过程、目标、原动力；三者互动成为建设目标；三者互相检验、互相体现。

5. 三经与五型关系

三经让五型化在企业内开始存在，揭示了五型化本质，并理顺了五型化建设的方向。

决策层是五型化原动力（计划），员工是五型化直接目标，班组是五型化过程。三经构成五型化生命的三要素。

（三）什么是六纬

在五型化建设中，六纬是指在三经的基础上丰富五型化的六个节点。它们依次是企业关系、制度、理念、文化、技术、班组长。三经让企业五型化存在，六纬让企业五型化发展。

（四）六纬的作用及关系

1. 企业关系

企业关系是指企业为了实现企业文化目标或终极目标，而令企业行为产生或导致的关系。

企业关系包括企业与员工的关系、决策层与员工的关系、决策层与企业的关系、效益目标与文化目标的关系、显性契约与隐性契约的关系等16种主要关系。

在五型化中，企业关系是五型化的基础目标，即当企业关系目标达成后，狭义目标如管理型班组、学习型班组、创新型班组、文化型班组、效益型班组、技能型班组等的成就就具备了物质基础和先决条件。

2. 制度

（1）在五型化中，制度被赋予了新的含义，即为达成五型化而制定的制度，而不是为了达成企业效益、目标或企业秩序（秩序存在优质与劣质）而建立的制度。

（2）制度内涵必须具有制度本身建设和更新功能。

在五型化中，最明显的为达成五型化而制定的制度如非正式交流制度，即不是为了工作，而是为了班组与员工关系的建设而进行的员工关怀制度，比如给员工家里写一封信，定期进行员工访谈，开展各种联谊会（或是工作目的或是非工作性质的）。

3．理念

企业理念从企业文化角度讲，属于企业文化最核心的部分，是最能体现企业的个性，是为促使并保持企业正常运作及长远发展而构建的，反映整个企业明确的经营意识的价值观体系，具有感染力、凝聚力、影响力，对企业的行动、活动、形象传达具有一种统摄作用。

在五型化建设中，如果不去按照五型化精神重塑企业理念，修正企业理念，不去把企业理念实质化，检视其普世价值观内涵及文化本质，那么企业五型化也就不能根本性进行。

什么是五型化的企业理念呢？

（1）体现普世价值观内涵。

（2）体现企业价值观中的以员工为本的理念。

（3）体现企业为了对普世价值观的尊重而敢于冒险的精神。

（4）体现企业对隐性契约关系与员工成就的责任感。

（5）体现企业的社会性与社会责任。

4．文化

“企业文化是企业的个性：团体的共同信仰、价值观和行为。”

“企业文化是象征的、整体的、唯一的、稳定的、难以改变的。”

“企业文化不是书面的理想、愿景和使命，而是日常的实务、沟通和信仰。”

“简单地说，它是在一个企业里如何做好事情的关键。”

“企业文化也可以看作一个系统。”

“是英雄人物，即企业的灵魂人物，‘物以类聚、人以群分’，什么样的领导就可能带出什么样的一帮下属。”

“是文化网络。企业内部的信息是通过什么样的渠道在传送，这就形成了网络，而文化网络一旦形成，就较难改变，除非继任者强行推翻它。"

"企业文化与企业发展的关系：一是振兴企业、改善管理。海尔集团于1995年收购青岛线星电厂后，没有投入资金，却救活了这条'休克鱼'，就是应用了海尔的企业文化。"

以上是关于企业文化的专家言论摘录。

中国企业文化现状：

（1）对文化或对企业文化概念本身认知不清。

在中国，不只在企业家层面，还在专家、学者层面，都很难有真正对企业文化了解并有清晰理念的学者。对企业文化的理解往往一知半解，同一个议题中，语义前后矛盾、逻辑混乱。对企业文化就更谈不上存在卓有成效的研究成果了。上面的专家言论，就证明了这一点。

（2）企业文化被歪曲。

①企业文化概念被歪曲。

一是把企业文化工具化。

二是把企业文化表面化，把企业文化当成与文化本质上毫无关系的文化活动。

三是把企业文化神秘化，认为企业文化神秘不可知，故进一步转化被认为不可为。

②企业文化作用被歪曲。

一是无用化，即文化无用论。忽视文化于管理的影响，无视管理的本质与文化本质同源的事实。

二是边缘化。认为企业的本质就在于物质层面，把企业功能一体化与模糊化，认为文化于企业并不重要。这与无用论相比，只是程度不同，或者是觉得文化不能为我所用，就不需花大功夫在文化思想、行为上。

三是娱乐化。误解文化，以为文化性质是娱乐，而文化方式就是活动。

四是文化物质化。把一些人性关怀认定为文化，即泛文化论。把一些企业人性化管理打上文化标签，把技术层面的一次行为也打上文化烙印。如"打造文化品牌"、"创造海尔文化"。

（3）企业文化定义不明确。

企业文化是缘于企业生存与发展的，是企业与企业主从社会文化、自我认知中获得的，既为企业生存与发展，又实现企业意义与企业主个人人生意义的所有行为，是企业价值观、审美观、人生观、理念体现和行为与思想的互建的内涵总和。

结论：企业文化与文化一样，是以企业行为（社会行为）体现出来的，不是创造出来的。这里有两个要素：体现与行为。而企业行为与社会行为，既可以是集体的，也可以是个体的。

5．技术

这里指广义的企业经营中与文化相对的技能类行为。

企业往往过分注重技术层面的管理、建设，而忽略甚至完全放弃文化管理、企业理念建设、战略思想和战略管理。企业的这种短视行为具有普遍性，显然与企业价值观、决策层价值观、歪曲的经营理念有关。不注重企业平衡管理与发展、病态的企业，就会把终极目标设置在物质层面上，这样的企业显然不会有真正的成长。

什么是五型化的技术？

（1）把技术管理定位在所有经营目标中而不是之上。

（2）技术管理与实行的前提是人性化。在技术与文化层面发生冲突时，确保文化作为管理终极目标性的彰显。

6．班组长

班组长也是五型化中六个节点之一，但相较其他节点而言，居于五型之末。

真正的企业五型化或五型班组，班组长所具有的功能、职能不应当比其所属员工高出许多，班组长的水平只需略高于整体水平即可。显然，班组建设主题是企业关系，在一个五型化程度相当高的企业，依靠的是员工的整体水平和素质，而非过分强调一个班组长的作用。而神化班组长或这一职位，依然是“英雄治国”神话的延续。

在五型班组中过多对班组长在班组建设中寄予厚望的原因有如下四点：

（1）对班组建设内涵认知不清。

不知道班组建设的实质是什么，也不知道班组建设应当从哪里入手，更不知道班组建设的步骤和关键点。于是，把班组建设表面化、形式化、主观化。

（2）班组建设条令化、简单化、任务化、运动化、活动化。

以为班组建设就是班组的事。在班组内发生、在班组内完成，同时也在班组内结束。

（3）对企业现代管理思想不了解与认知不足。

企业现代管理思想与传统的管理思想，本质上完全不同。传统的管理，讲究显性契约关系，企业关系具有明显的商业化行为；现代的管理是企业所有成员共同的事，战略与战术管理界线模糊。

（4）对管理本质的文化性不清楚。

十、五型化次序和关系

在五型化中，班组不能站在战术的角度承担战略任务，而决策层则不能站在战略的角度委托班组去实施战略任务和承担战略责任。五型化建设要由自下而上的五型班组建设路径改为自上而下。如何避免五型化中出现误区，厘清五型化次序便有利于六个节点的关系的厘清，也有利于在五型化中抓住五型化的主次，而所谓主次，实际是指五型化的条件。

在三经中，决策层举足轻重。因为决策的认知决定五型化是否实行和如何实行。

在六纬中，企业关系始终是五型化建设的技术目标，所以在六纬中，企业关系最重要，成为六纬中的核心。

事实上，六个节点同等重要。在五型化次序中，所谓列出重要、关键的一点是：前者是后者实施的条件，只有把前者先做好了，五型化才能继续。

（一）目标五型化次序

1. 决策层

决策层的五型化是所有五型化的关键、基础，并且决策层是班组五型化、企业五型化过程的执行者，是五型化战略管理、战略行为、战略目标的制定者和设计者，是五型化战略目标的检验者、改善者，是五型化站在企业最高处的人，是五型化中走到最低处的人，是对五型化认知最彻底的人，是把五型化战略看得最远、最贴近国际化和现代化的人。

决策层决定五型化目标、过程、方法和动机。

2. 员工

五型化首先是人的五型化，然后才是事的五型化、物的五型化、企业的五型化和班组的五型化。

员工五型化是决策层的第一个大目标和主要目标，同时员工也是五型化过程的主要实施者。尽管员工通过决策层来实施，但是如果没有员工作为五型化的目标和五型化主要的实施者，则会出现五型化目标错误、五型化动机错误及五型化方法错误的问题。

3．班组

班组满足企业关系重塑、修正、加强的需要。企业关系修复与加强，主要是通过显性与隐性契约关系来进行的。因此，班组成为三经之一，在三经中，是为鼎足。

与人的五型化不同，班组的五型化为工作的五型化，即事的五型化。在事的五型化中，制度、标准、作业程序、道德建设是满足上述三经五型化需求的具体内容。

班组在三经顺序中意义有两个：其一，在企业五型化中，决策层必先认知五型化并把五型自我化，然后才可以企业化；其二，界定班组在五型化中的定位，即班组不是目标，不是五型化基础，不是方法与手段，班组只是五型化的一个结合部，起到桥梁作用。同时，切记不要把班组作用扩大化，以防进入班组建设的班组化误区（事实上，现在很多企业已经进入了误区）。

（二）文化层面五型化次序

1．价值观五型化

就像企业文化的建立要在对社会文化批判的基础上一样，价值观重塑也必须建立在对世俗的批判基础上。而在文化层面的五型化中，首先要进行价值观五型化，因为决策层、员工的价值观直接影响着企业经营理念和工作理念。

2．精神五型化

精神即状态，没有精神就没有状态。精神即士气，没有士气，万事难成。五型化的精神状态，即是一种企业行为个体化，企业即员工，工作即生活的精神状态。在这样一种状态下，班组才能创新，学习才有目标，讲效益才是员工喜闻乐见的事，技术才是一种提高自我成就、获得尊严以及彰显个人人格魅力的途径。

3．思想五型化

思想五型化是指企业成员思想的健康、积极、向上，时常怀抱目标与目的，是所有行为目标化的一种有方向、有目标、有意义的思想状态。

4．道德五型化

企业必须弘扬正义，确立道德准则并明确企业也是推行道德准则的地方。如果企业暴力经营，员工层面道德不显，德不能服人，管理就开始出现问题了。

道德五型化，就是道德必须显示并着力于在计划内推行。

5．企业关系五型化

企业关系，就是指企业因为经营行为的国际化与现代性需要建立与存在的诸方面的关系。因此，企业关系必须五型化。企业关系五型化，就是企业要以决策层为核心，开始计划、建设、影响与企业本身或企业因经营活动形成的所有关系，同样在这样的精神面貌中与之共同发展。

企业关系是五型化的基础目标。企业关系不能五型化，那么企业其他目标就不会达成，其他目标不能达成，也就不可能令企业在良性循环中建设企业。但是在五型化中，如果不先依次进行上述目标建设，企业关系最终也是不可能达到卓有成效的建设效果的。

（三）技术五型化次序（非文化的企业行为与思想）

1．制度五型化

制度是五型化的一种保障。这里所指的制度，是那些具有能够建设制度本身的制度，或是能够促进人性建设的制度。

2．行为五型化

五型化，要从人的行为做起。行为五型化，就是行为素质化、行为专业化、行为企业化、行为关系化（行为要责任化）。

3．生活五型化

五型化于员工而言，体现出的是一种理想、正确价值观和一种人生应持有的态度。如果员工生活没有与工作相连，那么在五型化中，肯定地讲是不存在工作（班组）五型化的。

4．工作五型化

工作五型化指工作技术化、专业化、责任化、主动化、自主化。

5．技术五型化

这里的企业技术，指企业非文化方面的所有企业经营行为。技术不仅支持企业物质层面的进步，还支持企业尊严。因此，技术的成就是企业五型化的一个要求。

6．行政五型化

行政是企业五型化班组建设的外在表达。行政配合企业五型化发展，而不是跟进企业五型化发展。

（四）三经与六纬的关系

三经，表达了五型化本质、五型化意义、五型化方向、五型化重点、五型化方法，奠定了五型化基础。

六纬，在三经的基础上，丰富、发展了五型化。

三经是五型化硬件，六纬是五型化软件。

十一、五型化建设中的战略战术化与战术战略化

（一）决策层的战略战术化

1．决策层的五型化思想

（1）如果决策层对五型化没有正确认知，五型化对企业就不存在意义。

（2）如果决策层不认为五型化是企业现代性与企业意义的必然经营选择，或是一个必要、急需的战略管理，那么五型化同样对企业没有任何意义。

（3）如果决策层不认为自身才是五型化的思考者、计划者、制订者、执行者、检查者、改善者，而把五型化认为是班组的事，而因此下令班组实行五型化，号召、宣传企业五型化，那么企业五型化同样不会起到预期作用，企业也便不会获得核心竞争力，管理就不会产生革命性内涵转型。

（4）如果决策层自身首先不进行五型化，那么决策层就不可能把战略战术化（战略战术化，指操纵战略的人要把战略层面上的战术性管理行为日常管理化和日常行为化）。

2. 对于决策层，五型化就是要战略战术化

什么是战略战术化？

战略战术化，是指在企业五型化中，决策层要把属于战略层面的管理内容，以战术的手段、方法，针对班组与现场的具体实施。

（二）员工的战术战略化

1. 员工的五型化思想

如果企业在五型化中不以员工人性化建设为重要目标，那么自主管理或人性化管理就不具真实性，五型化建设就不可能达成和谐型班组、创新型班组、技术型班组、管理型班组和效益型班组等五型化目标。传统的中国落后管理模式，就不可能获得根本性进步。

（1）五型化的根本目标就是员工的五型化，即员工的素质化、职业化和企业化。五型化以建设企业成员素质为目标，以培养员工的职业化为任务，以员工与企业的关系重建为纲领。

（2）管理的人性化、自主化。管理要真正实现人性化而不是实行人性化。实现人性化，让管理建设人性而不是阻碍人性建设。五型化管理，必须是管理的高度自主化和人性化。自主化管理适合人性，并能最大限度地激发人的创造力。

（3）让员工工作生活化，即把工作当作生活的一部分，把工作视为生活的必需。从态度、思想、认知、结论上重新认知工作，变显性契约关系为隐性契约关系。

2. 对于员工，五型化就是要战术战略化

战术战略化即在五型化中，第一，员工并不是单纯的执行者，而是战略性内容的思考者；第二，员工在技术层面的实施过程中，会把自身调整为战略管理者心态，作为战略者实施战术内容，并同时做到战略性反馈。

在五型化企业中，员工理所当然把自己看成是企业的一分子。因此在充分的五型化气氛中，员工进行战略性思考并努力实践这种思考，和决策层在五型化气氛中努力进行技术层面（以员工心态、角度）的思考且行动是一样的。

当五型化中企业战略战术化后，企业便同时会迎来战术战略化。战略战术化是前提，战术战略化是结果。战略战术化与战术战略化是五型化后的一个五型化成就的基本标志。

第三章　五型班组建设的目的和意义

一、组织变革、创新的需要

为什么要进行五型班组建设？杜拉克认为企业应当关注 8 个关键结果领域：市场地位、创新、生产率、实物及金融资产、利润、管理者的表现和培养、员工的表现和态度、公共责任感。在这 8 个关键结果领域中，有 4 个是物质层面的，另外 4 个则是文化层面的。这就是企业要进行五型化的原因。

企业高层大幅度削减中间管理层，取代中层管理者监督评价、传递信息的职能是现代化企业特征。减少管理层次，不仅可以降低管理成本，还有利于高管人员贴近基层，对企业更有效地实施管理。企业组织变革出现了组织结构扁平化、组织运行柔性化、组织联系网络化、组织形态虚拟化的发展趋势。

班组作为企业的最基层组织，在扁平化、柔性化、网络化、虚拟化的变革过程中，其地位和作用将越来越重要。在新的形势下，企业竞争能力与班组管理水平的联系将越来越密切。

二、提高企业执行力

一个企业的执行力如何，很大程度上取决于班组素质的高低，而不是指令的贯彻、制度及一些硬性的因素。因为执行力里面包含着高比例的创造力。执行力并不体现在企业一般行为中，而是成为一个企业考量硬指标，其主要原因在于执行力本意是指在遇到难点时，企业超常规解决这些问题的创意性能力。执行力是一种异常状态下企业潜力的运用。

企业问题多数出在一线，且大多是由班组素质不高引起的。又由于多数问题并不能循常规方式、方法顺利解决，于是班组解决这些问题的能力就体现企业执行力的高低了。

三、提升经济效益

一个企业再正确的战略决策、再健全的规章制度、再周到的工作计划都要通过班组来执行。如果班组基础不稳固，员工素质不提高，那么，管理人员再有能力，也难以取得竞争优势。比如，一个企业能否在市场上取得价格竞争的优势，在很大程度上是由班组决定的，因为生产和服务的成本是由班组员工来实现的。所以说，出现在谈判桌前的是营销人员，而背后支撑的是班组员工。同样的设备、同样的工艺，班组管理和员工素质不一样，生产出的产品质量则不一样，构成的成本也因此而不一样。

四、安全生产

安全生产不仅关系到企业的经济效益，而且关系到和谐企业及和谐社会的建设。企业一旦出现安全事故，就会给企业财产和员工生命带来重大损失，对社会和谐造成一定影响。因此，安全生产必须提到重于泰山的高度来认识和落实。企业要想确保安全生产，则必须加强和创新班组建设，增强安全意识，严格执行安全制度。企业的许多安全制度都有着血淋淋的惨痛教训。但我们应该坚信，只要认认真真地执行安全制度，企业安全生产就是必然的，发生安全事故则是偶然的。

五、建设和谐企业，增加凝聚力

要建设和谐企业必须建设和谐班组。班组是企业的细胞，只有各个细胞健康，才能保障整个机体的健康。班组不仅承担着完成生产、服务任务的职能，还是员工学习知识、交流情感、实现价值的重要场所。如果班组管理混乱、歪风盛行、人心涣散，不仅不能生产出合格产品和提供优质服务，还可能会出现安全和质量事故，制造人际矛盾，使企业不得安宁，企业的和谐就更无从谈起了。实践证明，要建设和谐企业及和谐班组必须重视班组建设，通过加强班组建设形成健康的班组文化，建立严明的规章制度，建设学习型团队，培育和谐的人际氛围。

六、员工全面发展

企业员工每天24小时中最重要的8小时是在班组中度过的，班组是企业中最重要的集体，企业的发展目标、员工的职业规划、人生的自我价值大都需要通过班组来实现。要把对员工的关心和爱护真正落实到班组，把加强和创新班组建设放在“以人为本”、构建和谐企业的高度来认识，认真抓实抓好。班组是员工工作、学习和培训的重要场所，许多老员工需要在班组中补充新的知识，许多青年员工需要在班组中接受实践锻炼，增加阅历和经验。实践证明，一个健康向上的班组会成为学习型的组织和开拓创新的团队，而一个风气不良的班组则会成为消磨斗志、制造事端的是非场所。

七、企业与技术进步的必然

制造业传统思维与行为已寿终正寝了，制造企业是否能够在日益激烈的竞争中继续存在并且发展，人们在实践中得出的结论是，应当看企业班组管理是否产生相应于传统的管理模式下的变革。如果变革成功了，管理核心能够并且成功下移到企业班组，说明企业在新时期进行了成功的自我蜕变，其首先在企业价值观、企业经营理念、审美观方面都呈现普世价值观的共有精神，如此，企业同时也给自己创造了机遇和资格，使自己可以理直气壮地与世界一流企业站在同一个赛场上。即使不在同一起跑线上，但是毕竟有着一样的追求，可令自己与世界级的大企业有同一血源，并且有本质上的可比性，如此在正路上便有一定的竞争力了。

第四章　五型班组的十一个企业特征

一、理念特征

五型班组管理特征就是管理的文化性或者说是管理的文化本质的高度体现。五型班组或企业五型化后，管理基本摆脱了简单的由上而下的指令性下达、制度制定、监督执行、考核、奖惩、发现问题、检讨改善等管理行为，摆脱了存在于管理者与被管理者之间的具有意志上单一方向流动的管理行为，而最终形成了一种高度的、普遍的自我管理、自我进行、自我约束、自我监督、自我修正、自我循环的工作流程。

五型班组成就后与初级管理企业相比：决策层与班组很少就一般常规性问题下达指令或进行关注，一般的常规性管理问题，在班组内被发现和纠正；具有一定方针管理能力的班组，取代了过去企业中高层管理功能，而令班组企业化了。

决策层的思考重点，倾向于战略性问题并且是全面而真实的战略性问题。决策层的管理，也从战术层面解放，而在更广泛层面如文化、未来、历史的反省问题以及未来管理等方面投入许多精力，从而确保企业的先进性，保证企业永远走在别人的前面。

五型班组建设，表达了一种新型管理特征的形成。企业重新对企业管理内涵进行了反省与批判，并进行了方向性调整，体现了现代企业管理重心下移到班组的企业的现代性发展，界定了班组才是新型企业应当关注的焦点和管理核心。同时还重新规定了班组的使命、功能、建设方法，并重新令企业思考其使命，促进企业自我反省能力的提升。

五型班组建设，一反传统管理中头重脚轻的管理体制，全方位地把企业注意力放到生产第一线，以企业整体对每个员工均衡的素质提升作为班组建设的根本，通过班组功能企业化、班组权力分权，达到企业建设的大目标。

1. 五型概念特征

倡导文化建设与技术管理平衡特征、人性化建设与效益目标达成并重特征、管理重心下移至班组特征、管理具有文化特征等。

2. 狭义五型特征

对现场重视就是对班组重视，对班组重视就是对员工重视，对员工重视才能最终达到对企业重视，形成一个循环链。

3. 广义五型特征

班组功能的企业化、战略战术化、战术战略化、管理文化化、管理人本化、员工素质化、企业未来化、企业理念化、企业价值化（重塑企业价值观）、契约隐性化等。

4. 应用五型特征

经营永续化、企业反省、企业升级、促进企业变革、形成核心竞争力、思想国际化、企业本质化、经营去地域化。

二、战略特征

1. 战略特征的文化性特征

在五型化理论体系中，文化（不只是企业文化，还是对社会文化的态度与批判形式和内涵）是企业战略管理的一部分，而且是核心的一部分。但在传统企业战略管理中，文化并没纳入战略管理的核心内容或干脆置而不用。在五型化中，战略管理最核心的部分是企业文化管理。企业文化建设，是基于对社会文化批判的企业化之后形成的。

2. 战略特征的世界性企业特征

战略管理以文化为核心，并不是异质化管理，而恰恰是同质化管理。文化的本质，是同质而不是异质；文化的形态，是异质而不是同质。但是，文化管理是管理其本质，而不是其形态。

3. 战略理念的普世价值观特征

战略管理理念同样体现价值观。五型化管理，呈现的是普世价值观。

4. 战略战术化特征

五型化中，企业管理的战略战术化特征，包含着从管理思想、管理理念、价值观到对社会文化批判方式、内容以及对战略与战术关系等一系列思考特征和管理思想的质变。

5. 管理重心下移班组特征

企业管理思想下移，是企业战略管理质变的一个说明和象征，也是企业战略管理更新的一个具体表现。

管理重心下移并不完全等同于五型班组建设。但是，五型班组建设足以说明企业战略上的质变与革新。

企业管理重心下移，并不单纯是对现场的重新审视和重视，也不只是基于企业技术层面的思考，而是企业的这种战略质变思想发生于企业管理阶段的成熟、企业进步的新阶段，企业由简单的企业关系走向复杂的企业关系缔造，企业由无理念、无文化走向企业文化化的结果。

三、战术特征

把战术层面的东西战略视野化、战略行为化等行为就是战术战略化。

1. 员工思想权利

把员工思想权利提出来，并意图保障这样权利的实施，是企业战术战略化的一个特征。即把细节或传统企业中一个看起来非必要的管理内容，上升到企业战略需求的高度，是五型战术战略化视野的一个特征。

2. 员工思想的条件

以具体的措施和行为创造员工思想的条件，以实现员工思想的权利，这才是五型化思想，才是五型化中的战术战略化行为。

3. 决策层与员工的关系重塑

决策层与员工的关系重塑，是存在于战术层面初级管理者的课题。但在五型化中，这一问题被提到战略高度，即以事关企业存亡的视角来看待，战术问题同时也就被战略化了。

4. 员工的素质学习

员工的素质、员工的生活、员工的一举一动，即使在工作之外，也必然与工作形成某种络属。因此，素质学习与进步，都被当成是战术战略化的另一个特征。

四、思想特征

若企业能形成自我促进力，就能够在战略管理思想、文化、理念、管理、企业关系方面体现普世价值观，且能够在企业行为中体现，还能对行为与思想进行自我反省，促进与改善，以期企业行为不脱离普世价值观。

1. 班组成就促使企业向文化性企业变革

班组建设根源于文化、成于文化，而文化的功能就在于促进其本身。班组建设的成就之一就在于促进企业走向文化，即班组与企业的互建。

2. 班组成就促进企业良性目标达成

班组建设的目标之一就是自主管理。当企业的目标明确时，班组会被这些目标自动吸引，班组的使命感在召唤中达成企业正确目标。

3. 卓越班组促进企业自我修复能力的诞生与增强

一个卓越的班组，一定是一个具有高度自觉性的班组，是一个时常以本身所有行为作为点检的集体。一个这样的班组，善于发现自身缺憾，从而在此基础上预见未来，并化解危机与困境，在价值观、使命感的促进下成长。在卓越班组内，创新能力所激发的热情，不会听任企业问题保留下去，企业自我修复能力会随着企业班组建设水平提高而变得越来越强。

另外，卓越班组在使命感感召之下，每个人都会为所有不良态势的可能出现，以适合自己的方法进行预防。

4. 企业阶段五型特征形成

五型化形成企业质变，五型化令企业开始找到方向感，五型化令企业制订未来计划并根据计划分段前进。

5. 决策层行为和思考特征

决策层要学会向下学习，学会从战术管理演化为战略管理，把战略管理与战术管理融为一体；感受文化的魅力，拓宽视野，更好地理解世界大企业的管理风范。

6. 企业成员思想特征

（1）将管理内涵扩展到企业成员的精神层面。

（2）班组管理外延到两极。

即以班组为单位，向下延伸至企业员工的个人学习、个人道德、人生观、价值观等方面的正确建立与巩固；以班组为单位，向上延伸至企业的战略思路、企业社会责任、企业精神。

（3）直接为客户负责。

从企业直接面对客户的传统思维和行为，变革成为班组直接为客户负责的思想与行为。

（4）拒绝传统思想成为企业指导思想。

拒绝一切原始的传统思想与没有经过现代企业思想改造的思想指导企业创新。

企业员工作为一个自然行为人，其早已具备一定分辨认知能力和习惯，企业员工只相信实际的东西，而不相信虚无的东西。企业不应把宣传、教育、改造、加强等控制式的管理用于现代企业。

但是，就国有企业而言，由于多种因素的存在与介入，常会出现管理政治化与八股化，而要改变这一点是很难的。而私营企业若不进行思想上的革命，必将被市场淘汰。与其死于死气沉沉、僵化无为的现状中，不如死于生气勃勃的变革中，况且真诚的变革较前者的生存机会更多、复活概率更大。

五、文化特征

1. 企业的高度自觉性

企业的高度自觉性表现在自我发现战略问题的能力和反省战略问题的能力以及修复问题的能力上面。

卓越班组有利于企业形成高度的自觉性。这种自觉性在企业文化层面、企业管理层面、企业战略层面都有着显性与隐性的影响。

2. 班组的高度自觉性

班组的高度自觉性是在企业文化发展到一定程度才能够体现出来的。班组的高度自觉性，表现在接受指令的正确理解能力和意愿上，表现在执行指令后对工作完成的多、快、好、省上，以及对组员间关系处理的公平合理和对同组班组的合作态度、合作能力、有效沟通上。

班组的自觉性就是班组员工的高度自觉性，有利于班组自主管理的形成。

3. 员工的高度自觉性

员工的自觉性是班组自主管理形成的细胞。员工的自觉性表现在对工作的认真负责上以及培养对班组情感、责任、爱护上。员工的自觉，也是一种个人素质的体现。

六、企业关系特征

五型目标达成，企业关系建设就会卓有成效，企业隐性契约关系目标也随即达成。

1. 企业与员工的关系改变

企业与员工的关系，由原来的简单雇佣关系变为显性与隐性共同契约的关系。

2. 企业与决策层的关系改变

企业与决策层共同成为企业的一分子。

3. 管理与被管理者的关系改变

管理与被管理者成为合作关系、共建关系，改变了以前关系中的主动管理与被动工作的关系。

4. 文化与经营之间的关系改变

企业本质化，寻到了文化与经营目标的平衡点，认识了真正的战略管理的核心部分即文化部分，而不再在战术意义上寻找战略管理的差异点。企业管理从而开始进入真正本质化阶段和本质管理阶段。

5. 员工与员工的关系改变

企业关系的改善是企业精神面貌总体改良的必由之路和唯一之路，也是士气、创新、技术、活力班组的必经之途。在企业关系中，单一关系的改变，并不会对企业进步构成真正的影响，只有当企业所有关系共进，企业的活力才能彰显，企业各个方面才能随之改善与进步。

在企业关系中，员工与员工的关系，更加显著地影响着企业关系的总体成绩。如果企业忽略员工与员工关系的缔造，那么所有为企业关系所做的努力，终将化为泡影。

6. 圈子的正常化

不管企业是否愿意，就人性的需要而言，圈子都会存在。要想企业内圈子良性化，企业必须做出表率，即企业要彰显普世价值观，要向员工表达正确的审美观，显示人格魅力；企业要以包括工作奖惩制等制度作为管道，彰显企业正确的文化理念。要明白建设良好的利于工作、人性的圈子，理念要先行。正确的理念存在，就自然起到引导员工工作热情的作用，从而推动企业发展。

7. 工作与学习的关系改变

学习虽然并不只为了工作，但一定与工作存在关系，要做到学习常态化、学习需求化、学习工作化、学习生活化、学习人性化、学习人格化、学习素质化。

8. 企业外关系

企业外关系指的是企业与社会的关系。企业以对社会承担的责任的深度、广度来表达企业丰富的愿景。

企业外关系与内关系共同表达着企业的本质及发展阶段，它们从侧面说明着企业的未来，影响着人们对企业的信心与投入程度。

七、班组长特征

在班组长特征中，新型班组长必须具备一种在普通管理权之外，被企业最高领导者授予本班组的建设权，这个权利是在班组管理与建设之外的一种管理权。与普通管理权不同，建设权应当是指与工作无直接关系的，但与员工士气、情绪、思想、学习、一般生活等相关的权利。这种权利的授予，显然对班组长与员工关系的建设关系很大，并且也属于员工与企业的关系建设。此外，这种权利的获得必须师出有名，且必须在企业内具有权威性或者在必要时刻能建立这种权威性，否则班组建设一样功亏一篑。

（一）班组长与员工的新型关系特征

班组长是班组建设中的一个关键职位，其在新型的关系建设中，不只应当运用职位所赋予的权利对班组范围进行工作管理，在新型的班组建设中，班组长还应当被授予建设班组权。

班组长与员工关系包括以下几方面：生活、工作、学习、理想、职业生涯规划、员工目标，可以用“五清楚、六必访、七必谈”来概括。

1. “五清楚”

（1）对员工家庭状况清楚。即对每个员工的家庭收入、家庭成员、社会关系等方面要有所了解。

（2）对员工性格、爱好清楚。即对员工的人生观、价值观、特长、爱好要有深入的了解。

（3）对员工工作表现的优缺点清楚。即对员工在工作中的优势和劣势要明了，取其长而补其短，发挥员工在工作中的主观能动性。

（4）对员工的业余生活和社会交往清楚。即关心员工的业余生活、文体活动等，积极引导员工在交际方面的良性发展。

（5）对员工不同时期的思想变化清楚。即掌握员工的心理变化规律，根据员工工作规律性积极引导员工思想健康发展。

2.“六必访”

（1）员工婚丧嫁娶必访。即员工婚丧嫁娶等应亲自到现场或委派代表进行祝福或慰问。

（2）员工家庭发生矛盾必访。即员工夫妻间、兄弟姊妹间因某些原因发生矛盾冲突时，应积极进行劝说调解，消除矛盾，实现员工的家庭和睦。

（3）员工生病住院必访。即员工无论因工伤还是其他意外伤害生病住院，要亲自到医院或委派他人进行慰问并送上健康祝福。

（4）员工家庭有困难必访。即员工家庭因经济或者其他原因出现困难时，要进行资助或帮助，使其家庭形势好转，能专心工作。

（5）员工缺勤旷工必访。即员工出现缺勤和旷工情况时，要与个人进行谈心或进行家访了解原因，努力帮助其改正。

（6）员工本人和家庭发生重大变故必访。即员工本人和家庭因不可抗拒力量发生重大变故时，要进行深入了解，尽心尽力地对员工进行帮助，并积极引导员工用平常的心态去面对，确保员工和家庭渡过难关。

3.“七必谈”

（1）员工思想波动必谈。即员工个人思想有情绪、有波动时，要主动进行谈心交流，用正确的人生观、价值观去进行指导、引导，变波动为平稳。

（2）员工受到批评必谈。即员工在工作中出现失误受到批评时，要进行教育指导，使其认识错误并加以改正。

（3）员工人际关系紧张必谈。即员工与上级领导之间、同事之间发生矛盾导致关系紧张时，要通过谈心劝导，找出原因，解开心结，达到团结的目的。

（4）员工工作变动必谈。即员工工作发生调动或免除时，要进行新岗位的教育培训或思想开导，使其迅速适应新环境、新岗位或重新定位自己以找到合适的岗位。

(5) 新员工入队必谈。即新员工进入工作队伍时，要从工作、生活等多方面去关心他、爱护他，以身示范，使其尽快适应工作环境，熟悉岗位工作，逐步成熟起来。

(6) 员工完不成工作任务必谈。即员工完不成工作任务时，要进行询问，了解其原因，从工作技巧或精神鼓励上进行帮助，使其在以后的工作中能够顺利完成或超额完成任务。

(7) 员工发生“三违”必谈。即员工在工作中发生“三违”现象时，不要用批评和处罚来对待，而要从心灵上进行沟通，通过耐心的教导和帮助，真正从根本上杜绝“三违”现象的发生。

(二) 班组长与企业高层的新型关系特征

在新型班组建设中，班组长更多的时候要直接就某些班组建设问题与企业高层进行沟通和汇报，显然这种越级报告与请示的行为，在过去传统的企业组织领导秩序中是明令禁止的。传统的企业管理思想，甚至力求建立企业等级制度，在企业中倚仗森严的等级制度确立企业秩序，以期达到管理成本下降、管理资源的最佳配置。如有些企业会建立员工走路的专用通道，以区别于特权化的干部走路通道。这种不人性化的企业规则并不散见于个别企业，而是现时一些企业的普遍现象。而新型企业中的新型班组长，其在企业建设中所处的核心地位令班组长与总经理在这种新的战略实施过程中要重新界定彼此关系，共同担当起企业建设的重任。

(三) 班组长与自我的关系特征

在所有的关系建设中，班组长与自我建立的关系同等重要。班组长必须借助先进的知识、良好的工作关系、对企业建设思想的理解、自己的创意性思维等让自己形成一个新的自我。即必须具有仁爱之心、良好的工作作风、人际智慧、良好的自我职业规划、对企业持久的信心与责任感。

(四) 班组与班组新型关系特征

班组与班组，相当于两个工作伴侣。如何在平行的班组之间建立良好、正常、健康的关系，当然是值得深思的。在五型班组创建中，其中一个中心就是高度的自主管理型班组，那么班组与班组间的关系，大多数的时候也是需要班组自己具有创新思想，才可以完成这种新型关系的建构。

八、效益特征

1. 从前许多不明原因的管理问题，现在迎刃而解

许多时候，管理上会出现怪现象，虽找不出哪里出现问题，但是效益却莫名其妙不高。显然，原因在于人这个因素上。解决这个问题还需要回到人的主观能动性上面。在班组形成效益进步特征后，即使出现问题，但问题本身是明朗化的，问题很快会得到解决，效益就会始终处在一个高水平上，这也成为班组的一个特征。

2. 利益分享而致效益关注

企业的利润不再与员工无缘，员工开始从利益的角度关注效益，从长远的角度关注效益。而关注效益的角度也从战术层面上升到战略层面，从个人到他人，从概念到具体行为。

九、未来特征

未来是战略的内涵，战略是五型的内涵。没有未来，就没有战略；没有战略，也就没有五型。五型化本质就是未来。一个没有未来的企业，一定是不成功的企业。有许多企业，成就仅仅满足于企业主个人，于是成就也就止步于个人。显然，这样的企业主不需要五型，而五型也不会选择这样的企业落户。

十、非技术特征

1. 五型化没有终结

五型化过程伴随着企业生存的全过程。只有开始，没有结束。

2. 五型班组是企业五型化的一个内容

狭义的五型班组强调了企业建设的现场化与管理重心的下移。在广

义中，这些并不是五型化的全部内容。企业五型化的全部内容起码包括：班组五型化，企业成员五型化，企业制度、理念、战略思维、决策、管理五型化，企业理念五型化，企业关系五型化等。

3. 五型的非工具特征

五型不是一个企业管理工具，企业不能在工具的名义下役使五型化。

4. 五型不能进行常规考核

五型建设的基础目的是企业关系建设，故不可以试图进行量化形成考核。

十一、企业竞争力形成

1. 文化竞争力形成

企业文化是企业真正的核心竞争力。但是，就像品牌、市场一样，文化成为企业核心竞争力不会一蹴而就，而是必须时常警醒，就像一部正在使用的机器一样精心维护，认真对待。

2. 市场竞争力形成

能人治国出现在专制国家，而能人治厂便有些不同了，能人治厂出现在一个过去的时代。

3. 品牌竞争力形成

品牌竞争存在于动态之中。品牌效应就像一个企业的管理一样，是需要持续地维护与经营的。而管理一个品牌就像管理一个企业一样，本质上都是相同的，即只有让班组与客户建立一种直接、亲密的关系，品牌效应才会长久。

4. 管理竞争力形成

管理核心与重心下移，管理资源分配更加趋于合理。班组自治并且班组具有这种自治能力后，企业管理成本将会降低，企业管理资源也需重新进行分配，企业上层将会集中更多管理资源用于战略决策。另外，企业班组形成卓越班组后，一线问题在班组内就可以得到解决，属于战略性的决策并不会旁置于高层。战略性的思考同样存在于班组和每个员工之中，而企业责任均衡地存在于企业中，这将有利于企业良性持续发展。如此，企业就会形成两类，即一种是一个人的企业，另一种规模虽然小，但因为它属于众人，在关键时刻，后者胜利便成为一种必然。

5. 综合竞争力形成

企业长久胜出，必然出自于其综合竞争力能够维持在一个高水平的梯阶上。企业气氛融洽，则将不再有不明原因的管理问题发生。

第五章　五型化战略实施新思维

一、班组管理战略化

1. 企业管理重心下移至班组

要把企业管理的重心下移到班组，就要把班组管理的重要性上升到企业成就的新水平。

2. 具有企业管理下移到班组的能力

管理下移要具有一定能力，大多数的时候，下移是不成功的。即中间环节一旦剥离，决策层与班组的衔接便会出问题。因此，决策层要具有下移的能力，班组要具有上移的能力。即决策层要接近企业管理的战术层面，而班组要接近企业管理的战略层面。

3. 班组管理战略化

班组管理要上升到一个企业战略管理的高度，进而认知企业对班组提出的新要求。

4. 班组管理企业化

班组管理的重要程度等于企业管理的重要程度，管理企业就是管理班组。要在企业内达成这样的共识。

5. 班组管理需要决策层执行

（1）决策层要亲力亲为。决策层应亲自对班组管理进行计划、执行、点检、改善。

（2）把班组管理当成是一个项目或课题，进行反复论证、反复思考、反复实践、反复促进、反复研究。

二、成立班组管理小组

班组管理，只有在很大程度上上升为一个企业永久性课题，并吸引企业持续的关注热情时，才有可能使企业走出班组管理困境，从而提升企业素质。如果企业家没有这样的先知先觉，仅仅认为班组管理就是班组的执行力，就是班组对交期、安全、士气、质量与5S几方面的工作投入，那么企业和班组的素质，就永远不可能提升上来。

三、班组自主管理与班组企业化管理

自主管理是五型化的必然，而班组企业化管理是指企业把管理的部分功能或企业的部分职能下放到班组。

1. 班组管理，首先要倡导班组自主管理

企业创造条件，鼓励班组实行自主管理。

自主管理，绝不是简单的授权管理。自主管理，其一，可以看作是企业的一个管理目标与方向；其二，可以看成是管理的一个成熟阶段。

自主管理，不是无任何条件地以班组长为契约方的授权管理。自主管理是五型化的必然行为，是企业五型化进程中，在企业关系缔造开始后的五型化的第二步。

2. 决策层绝不能放松对班组的直接领导

自主管理，是决策层对班组加强管理的表现，而不是放松管理的借口。这一认知一定要纳入五型化认知中。

四、决策层要先于班组五型化

创建五型班组管理的关键在决策层而不在班组。在企业创建五型班组的时候，大多数学者、企业管理者，在其编写的书籍或在其工作实践中，都会有倾向性地把企业创建目标毫无顾忌地定位在班组，事实上这是错误的。这是一个误区，也是一个企业迟迟不能真正进步，甚至举步维艰的根源。企业创建五型班组，重点在企业决策层的自身五型化。在决策层没有完成五型化时，企业针对班组的五型创建活动就开始启动，那是一个相当大的错误，因为这种不从根本上使企业五型化的做法，最终会无疾而终、费时费力、虚耗成本。

企业本身对五型班组的文化性认知不足，或达到这样的认知高度却由于自身的价值观的局限，导致企业犯直觉性错误；或对五型班组的认知是大众化、庸俗化的，这是企业五型班组建设的最大难题。

五型班组建设说到底，成败或成效关键在于企业，亦即在于企业主要负责人。企业家自我省视、开启五型化进程包括：

1. 反省自我

企业家首先要回答我与企业的关系。企业只是其私人财产的一部分，还是人生事业的全部；企业只是满足个人物质梦想，还是要承担社会责任，并且使企业国际化。

2. 反省企业

需要反省企业是不是具有独立人格与命运，企业只是企业主的附庸？企业前景是什么？企业成就究竟指的是什么？国际化的企业本质在哪里？价值又在哪里？

3. 反省理念

个人的人生理念和企业理念都要进行反思。企业理念是否存在，是否因为企业不具独立人格意义而导致企业理念空置？

4. 反省经营

经营的本质、方法、目的是什么？经营的环境如何？经营的现状如何？经营中文化的意义是什么？

5. 反省班组

是什么原因导致轻视班组？重视班组体现了怎样的理念？重视现场在管理上发生了怎样的质变？是否重视员工的文化价值？重视班组的原因是什么？员工个人发展与决策层人生理念的因果关系清晰吗？

6. 反省企业关系

企业关系是五型化的必由之路，但为什么五型化要从重塑企业关系做起，并始终不能放弃企业关系重塑的战略发展思路？

7. 反省未来

（1）企业未来。

企业五型化或五型班组，是以企业未来作为目的的。如果一个企业并不打算有未来，显然这类企业与五型化并不兼容。

（2）自我未来。

在私营企业里，企业主在一定程度上具有企业的成分；而企业在一定程度上也具有企业主的成分。如果企业主不想有未来，那么企业也就很难存在未来，因为未来是设计出来的。

企业主并不一定是企业家，而经营企业需要的是企业家，起码是朝着企业家这个个人发展方向而努力的人。

8. 从企业关系重塑开始，实行五型企业的全面五型化

企业关系的重塑是企业五型化的开始，也是五型化的基础目标，同时也说明五型化是一个漫长的过程。

9. 决策层要进行两极关系梳理

如果代表企业的决策层不能很好地确认并扭转占企业人数99.9%的人在企业中的定位（也包括地位），那么企业大部分人的行为就会沿习之前的认知，而自动把自己依然置于企业中一个无关紧要的位置上。或者决策层虽然意识到了这个问题，但在确认过程中认知效果可能没有达标，那么员工也不会稳定地为企业做事。企业一天没有确认与扭转传统的企业旧有观念，就永远不会进入新型的员工与企业关系，那么企业就永远只是两个人的企业，这两个人一个是企业主，另一个就是叫员工的那部分人。

在不确定或不良的企业主雇佣关系中，如果企业不从理念高度反省并确认员工就是企业的一分子，并不断进行这种语言、行为共同的双向的反复的确认时，这种企业与员工的关系就会向两极分化。这样的关系一旦缔结后，企业主就很难再挽救这种关系。

10. 思想五型化是第一步

五型与其说是一门技术或者是一种管理方法，不如说是企业的一种信仰或信心。显然，五型化的关键点在班组，但根本却在决策层的理念、文化、思想、信仰等方面。

11. 自我五型化是关键

五型班组对决策层而言，其思想在于要把员工真正视为企业的一员。要爱惜企业和企业的员工，但我们不能把企业和企业员工当成自己的孩子，更不要有过度的占有欲和控制欲。一个企业能够做大、做强，并且持续成功这么多年，往往是集体智慧和集体付出的成果，而企业家只是在其中起到了导师的作用。但是，在这个时候，企业家切忌以为自己是最强大的，也切忌以为这一切成就都是自己决策和努力的成果。作为优秀的企业家，成功的时候，要把成功归结于大家的努力；失败的时候，要敢于把责任揽在自己的身上。当企业家有这种境界和作为的时候，核心团队就会不离不弃，每一位普通职员都可以为企业浴血奋战！

五、班组管理新释义

1. 班组之班组管理

班组内的班组管理者利用企业所赋予的管理权，秉承企业要求，在班组内建立具有良好的以生产秩序为主的、有特征的班组秩序，并不断在企业的发展中参与企业更新。

它的目的是研究在现有的条件下，如何通过合理的组织和配置人、财、物等因素，提高生产力的水平。

2. 企业之班组管理

企业班组管理的目标，就是要努力接近并了解班组、现场。企业管理是动态的、发展的。当企业管理需要把重心下移至班组的时候，就预示着企业管理迎来了一个新时代，就标志着传统的企业管理模式已不符合时代、企业现代性、市场、人性以及管理进步的要求了。或者说，我们所认识到的，早就发生了；我们仍使用的，也许早就过时了；我们所持有的，是应当早就淘汰的。

3. 企业班组管理与班组管理之关系

企业只有让班组进行自主管理，才能真正实现企业班组管理；而企业管理的根本意义，就在于令班组自主管理程度提高。二者并行不悖。

六、五型化的非权力因素与非常规管理

同样是一名班组长，为什么有的班组长能够一呼百应，而有的班组长却使员工口服心不服，甚至当面顶撞，除了职位权力之外，还有一个影响很大的因素——非权力因素，影响着班组长的权力。与此相同，任何管理者，都存在这样的非权力影响。

非权力因素与职位权力没有密切的关系，但是非权力因素却能有效地间接影响着权力因素的运用。非权力因素包括专长权和个人的影响力。所谓专长权是指懂技术，会管理。个人影响力是现代领导科学中尤为强调的一种领导能力，它并非强制性的权力，而是指管理者靠个人的人格魅力影响员工的工作。

非权力因素的管理显然是无章可循的，但非权力因素却并不是凭空

而来的天马行空式管理，而是一种文化的使然。

与非权力因素造就的个体号召力相类似，管理还有非常规管理。

这里所谓的常规管理，就是不需要个人创意的加入。但是，企业永远没有和平，永远处于战争状态；在国际一体化中，原来的局部战争变成全面战争；全球企业处于一个舞台、一个市场和一个战场，企业不可能在政权割据的根据地内躲避外面的风雨，竞争处于近战之中，甚至有时候采用肉搏。于是，管理就不只需要常规而且更加需要非常规，即谁在管理中具有非凡的创意与想象力，谁就有可能打败对手，获得成功。

企业非常规影响力形成的四要素：

（1）透过企业理念表达企业进步思想。

（2）透过企业良好的文化表达企业责任。

（3）透过企业对内、对外经营行为体现人类普世价值观和彰显这一愿望。

（4）透过企业战略展示企业未来和彰显企业未来。

企业非常规影响力的九大作用：

（1）形成企业核心竞争力。

（2）形成企业核心凝聚力。

（3）良好的社会形象。

（4）良好的企业工作氛围和强劲的内驱力。

（5）激发员工创新欲望。

（6）使员工素质在企业表率的带动下提升。

（7）举抬员工并令员工获得尊严需求。

（8）管理成本降低。

（9）因企业固有的活力条件，适宜随时变革。

七、企业班组管理全面觉悟的三个层面

1. 高层的上觉

对一个企业而言，班组长是整个管理中最下面的部分。于是，在传统的管理理念、管理权力的思想中，班组并不具备独立的思考权与超越班组生产范围的发言权。多数企业没有真正把班组建设、班组管理作为企业管理的重心与核心，没有在战略与战术中进行日程性、常规性与计

划性建设推进，而是把班组边缘化，并视班组的功能与作用只是按指令完成任务的一个单一的执行单位。于是，对班组的考评标准，往往单纯地以完成生产任务的完善程度、完工时间、完工质量、安全等指标量化考察。这种单纯的考评指标，说明了企业对于班组和整个企业关系还停留在一个相当初级的认知阶段；同时，这也揭示了企业文化建设过程中企业所犯的部分实质性错误之所在；还揭示了企业在初级阶段停留太久而迟迟不能进入中高级阶段之根由，是发生在企业理念与价值观层面的事实。

2. 员工的下觉

班组成员是企业的细胞，是企业“上意”的直接承受者和反应者。需求往往不是靠上面而是首先希望班组长来解决，因为班组长与组员关系最为密切。但实际中，无论是组员个人的生活问题还是工作的创意思考，班组长都无法给予解决和接纳。于是，久而久之，班组长在其组员认知中，成为一个与自己无异甚至不如自己的一个班组成员。

3. 班组长的自觉

班组长居于班组成员之上，又居于所有管理单位之下。他们大多是上意不能很好下达，下意不能很好上呈；焦点之聚，焦头烂额；有责无任，有职无权；凭关系罩着，凭辛苦撑着。

身处于这三个层面的人，必须认清班组现状，并且创建一个适合五型的具有未来思想和战略思想的班组。

八、企业每一项变革成果必须体现在每一个普通员工身上

变革必须存在成果，成果必须体现在员工身上，这才是真正的变革。否则，企业变革就是失败的。因为终端变革目的就是以大多数员工为受体的改善。如果一场变革不为普通员工所知，也不为普通员工所体验，与普通员工利益无关，那么这样的企业变革有什么意义呢？五型班组建设，就是针对员工的变革；五型班组创建，是企业通过班组但却是体现在员工身上的变革行为。

九、五型班组管理中员工要有三权

三权即思想权、发言权、创新动机认可权。每一种权利实际上又会衍生出另外几种权利。

十、企业文化是五型班组的前置命题

五型化的道路即企业关系重塑，就是体现企业文化，成就这种文化的自我企业文化特征，并能够促进企业五型化的深化。所以，要创建五型班组，必须先令企业体现文化（不是有文化）。一个没有文化的企业，不可能是一个五型班组。

十一、班组地位并不特殊

班组长是企业中的基层，要接受企业高层的领导，但又人为地给班组长加上了一大堆职责，实际上就等于人为地使企业角色错位，并且人为地使企业好不容易建立起的秩序重新陷入混乱。

寄班组建设予厚望并不是以给班组长累加一大堆本来是企业高层的责任为前提的。这样做只会适得其反，越做事情越糟糕。所以班组在企业中所处的位置并不特殊，班组本来就应当占据企业核心位置，只不过传统的企业轻化了班组的功能和权利，企业的发展支点有所错位。

十二、五型班组需要怎样一个班组长

我们只需要一个角色，那就是无论对谁，只有一个诚实的、无所顾忌、直言不讳的班组长。他不需要做多面人，不需要迎合别人，不需要像演戏一样，不需要变换角色，不需要变换声调，无论见谁，班组长都要说班组长的话。班组长要始终以企业一员的心态，以对工作负责的心态，以企业就是我们自己的企业的心态说话做事。

班组长的位置很关键，但不要人为地将其复杂化。

班组长关键作用的体现，说到底是全体企业管理人员合力的结果。

在五型班组建设中，企业不是要创造一种有利于班组长权力应用的氛围，而是要创造一种企业内大的文化与素质氛围。班组长作用的发挥，其实是企业管理的正常表现，而不是班组长这一职位英雄般地将功能发挥到最大。

综上所述，关于班组长：

（1）要专一的班组长，不要管理专家式的班组长。

（2）要略高于员工水平的班组长，不要超过班组成员水平太多的班组长。

（3）要诚实，做人、做事有原则的班组长。

（4）要员工喜欢的班组长，不要上级喜欢的班组长。

（5）要有缺点的班组长，不要看上去没有缺点的班组长。

十三、五型化中班组长不会也不能高过员工水平

1. 真正的五型化企业不需要超人般的班组长

在五型化中，班组长能力不会高于组员太多。原因是，员工在五型化企业中，都学有专长，并且大多能掌握一般的班组管理和技能方面的知识。五型化是不会形成班组长素质技能遥遥领先于组员的。如果事实真是这样的话，那么企业五型化就是失败的。

过分强调班组长的作用，实际上是没有理解五型化的真谛，也是传统企业号召英雄式管理的通病，是一种暴力本质管理下的惯性思维结果。

2. 真正的五型化企业需要的是超人般的员工

真正的企业核心竞争力来自员工，需要员工技能与素质普遍高过其他企业。担负企业肌体的新陈代谢功能的，不是班组长而是企业的员工。如果企业没有好的员工，只有一个好的班组长是没有任何用处的。而如果具有一班高素质的员工，即使有一个不怎么样的班组长，也不至于给企业造成多大的伤害，因为一个五型班组的高度自主化管理，会具有较强的自我改善功能。

十四、管理重心下移的三个证明

1. 企业愿意把管理重心下移至班组，是企业存在企业文化的证明

企业去自我化后，企业高层挣脱权力自私化、管理和经营理念世俗

化的本能束缚，并在理念上令企业蜕蛹化蝶后，才可能达到企业管理核心的真正下移。从这一观点出发，我们看出，实际上企业是否能够具有五型班组特征，最后还是取决于企业价值观、经营理念。从而也得出这样一个结论：五型班组建设核心在班组，但是建设重点依然在企业高层主观上是否愿意对自身作出革命性的本质改造。

2. 能够下移，是企业具有本质与现代性的证明

企业一旦把管理核心下移到班组，就说明自我改造能力发生了质的变化，并且这种自我改造背后的自我否定，一定是出自企业高层而非班组或某个设计部门。

企业建设能力，在某种企业发展阶段，尤其是企业由初级进入中高级阶段的时候，最标志性的动作就是自我理念的自我否定和改进，亦即企业去自我化阶段的完成。

所以，企业要创建五型班组，需要来自高层的两个条件：一是企业是否愿意实行班组五型化建设；二是企业是否具有实行班组五型化的能力。

3. 下移成功是企业获得核心管理能力的证明

当企业把管理重心下移到班组，企业实际上获得了核心管理能力。但是，当企业还是金字塔式的管理，还要通过中层对基层控制的时候，说明决策层战略问题没有解决，或解决得不顺利。总之，说明企业对战略管理不完善，同时也说明企业对战术管理无暇顾及。基于这样的管理境况，企业当然会或要停留在守旧的、传统的、初级的、人治的企业发展原始与初级阶段了。

当企业成功地把企业管理重心下移到班组层面的时候，显然企业不再是金字塔管理模式了，企业不再依靠人治和英雄管理了，企业怀有足够自信，企业经营的关注点也从纯技术层面转移到文化层面了——对人的足够尊重，并希望在人性建设方面伴随着经营行为承担责任。

十五、企业经营行为中的个人价值彰显

班组及班组成员在企业中的角色在发生变化。在现代企业中，由于组织结构趋于扁平化，班组的自主性、独立性在逐渐增强；组织运行柔性化，班组长不再是上情下达者和发号施令者，而是正逐渐向教练、顾

问、推动者、支持者和服务者等角色转变；组织联系网络化，员工能够广泛参与决策与管理，并被赋予更多的权利、更大的灵活性和更广阔的行为空间。总之，五型化中，决策层一定要关注到员工的这种变化，调整理念与管理方针，以期更加接近管理的现代化和让管理具有现代性。

十六、员工班组长能力化

在五型化中，班组成员的综合能力要达到班组长水平。这是五型化人员素质与能力的必需条件。在培训与员工选择中，就要以班组长为标准进行培训与选择。

1. 综合能力班组长化

企业根据自身工作特征和企业发展阶段，对班组长有明确的综合能力选择考核标准。但是相对员工，要求就差一些，认为员工可以通过培训获得工作能力，这显然是错误的。五型班组要求员工跟班组长在基本的能力方面保持一致；要求员工与班组长综合能力相差不大，甚至很接近。这样的理解，表达了五型化中，对班组长要求的淡化和对员工能力要求的提升。这也表达出五型化企业对真正的“以人为本”的人性化管理的质的飞跃。

2. 工作技能班组长化

工作技能精良与全面，不仅是为了在必要的时候补缺，使员工具有多种技能，更多的还是为了员工创新与开阔视野而存在的。

3. 管理知识班组长化

在传统的企业管理中，员工是没有必要掌握管理知识的，因为在传统的企业管理认知中，员工不是管理者。但是在五型化中，员工就是管理者。员工首先管理自己，然后会以隐性方式管理别人，以此形成良好的班组工作氛围。比如以正确的工作态度、正确的工作方法、正确的表达沟通方式来影响别人。在五型化中，企业管理者要把潜移默化也当成是一个管理途径。要创造性地认为，所有企业成员都是管理者。

4. 文化水平与素质班组长化

文化水平并不一定与素质成正比，但高文化水平代表着一种视界和观看世界的角度所占据的优势。由此，高文化水平在一定程度上也可以近似地理解为有素质。

在企业关系和企业利益中，素质于员工个人和企业发展而言，都相互关联着。个人素质集合后加上企业因素，就成为企业素质。如果说企业运气决定企业暂时的胜利，那么企业素质，毫无疑问决定企业的未来。

十七、五型化重点并不在班组

企业的五型化过程，是企业的质变而非量变，是发生并且首先发生在企业决策者思想上的一种行为；是企业最高层对企业反省的结果；是企业首脑价值观的改变；是企业首脑在自身价值观改变后，贴近与向往拥有普世的价值观；是企业首脑试图带动企业一起走入世界性大企业的一个开始。因此，五型班组建设不可能只是在企业个别班组内进行，或是在企业班组层面进行。五型班组建设根本在于文化，位于整个企业最基层的班组和班组长，是不可能以局部改变达到实现整个企业目标的目的，也不可能以班组变革改良班组自身，更不可能希望发生于班组而成就于班组。因此，打造五型班组，无论是基础工作、重点工作、关键工作还是根本工作，都与班组无关，而与决策层、员工和文化有关。

第六章 五型班组建设中存在的六大误区

一、通过班组长，成就一个班组

在五型化中，最大的误区是企业计划通过班组长成就一个班组，通过班组成就一个企业。这样的认知，导致希望五型化的企业进入管理和企业建设的误区，最终导致五型化战略失败；这样的认知，让我们看到社会文化中急功近利、远离文化根本的习性；这样的认知，也让我们看到，观点影响着态度，态度决定观念，观念决定管理；这样的认知，也让我们看到，管理的文化缺位才是中国企业的真正问题；这样的误区，还揭示了一个真理：社会文化无时无刻不深深影响着企业管理和命运，企业文化绝对掌握着企业的命门。

1. 对选拔班组长的高、大、全的不恰当要求——妄想型企业

当班组长在企业的一厢情愿中成为企业未来的关键人物后，选拔班组长便成了企业的头等大事。普遍的企业管理书籍中，都不惜大篇幅地对班组长的选拔提出一大堆的要求：专业能力、目标管理能力、解决问题能力、组织能力、交流和交际能力、倾听能力、幽默能力、激励能力、指导员工的能力、培养能力、控制情绪能力、自我约束能力、概念化能力等。这些能力是班组长应具有的最基本能力，即是一个企业最小的管理者必须要有的基本的、必备的能力。

2. 把班组长塑造成高、大、全——无知型企业

有些企业，在自知找不到满意的班组长后，便寄希望于自己培养出优秀的班组长来。于是，对班组长提出一系列高要求。这些要求，有的是来自于工作，而有的却针对班组长本人。来自于个人的，又多半集中在班组长的人格、道德、知识、素质、态度甚至细微到班组长个人生活的方方面面，如素质高、忠于企业、做人公正、处事公平、带头学习、关爱员工、关心企业等等。企业人为地让班组长成功晋级为人才，继而晋升为人物。最后，依然让班组长处于等级制度最底层、薪俸略高于普通员工的这个企业“最重要位置”上。

3．班组长过度负重——懒惰型企业

在企业的突围中，企业认为班组建设可以成就企业，令企业转危为安或长治久安。于是，企业决策者把以前遇到的所有问题全部下放到班组长身上，责令其解决。与之相应，企业决策者倡导班组长之如何重要，加薪班组长，削弱贬损中层，分一点权力给一线，留一点空间给现场，于是，一场班组建设便顺利完成。

对班组长和班组的乌托邦式认识与描述，更多的来自于脱离实际的造书者或所谓书呆子型专家。从这里可以看出，整个文化或企业管理理念存在许多十分错误的认知，也同时反映出企业普遍步入误区的事实以及急于求成的企业现状和企业焦虑。

4．通过班组长加强企业建设——加强人治而非法治

过分地提出对班组长选拔的要求和过分塑造班组长，不只是在现实中脱离实际，给企业造成更大问题，同时也表明企业依然迷恋于人治而非建立“法治”。企业问题依然出在文化和理念层面。在当下形成的班组建设浪潮中，企业的共识也只是凭空增加了班组长这一职位的意识上的重要性。

5．精益生产倾向的危险性

目前各个企业，都力求对经营过程中所有行为精细化、细节化、数字化，为的是让企业中任何人任何时候做任何事，都有章可循。于是企业制造了无数个文件、规章、制度、作业书等。班组长及管理者便需要分出许多精力来写文件。据说海尔一共有多少块玻璃，海尔员工都能脱口准确地说出。而每一块玻璃上都贴着两个名字，一个是清洁者的名字，一个是监督者的名字。我们可以想象，当一个普通员工走进海尔，每一步他都承担着对企业的责任。责任是十二分明确的，于是，每一个员工的每一步如何走、走向哪里、要走多少步也都进入程序而员工只需照着做就是了。

以追求细节和细化管理为企业管理方向，过多偏重于对员工行为的规范，实际上便走向了人性化管理的反面，甚至走上了毁灭管理、毁灭人性的不归路了。在这样的管理倾向下，技术层面肯定进步，但是当一个企业整个程序化后，企业就成了行尸走肉。企业的意义还存在吗？企业还可能有活力吗？还可能有创新能力吗？还可能有未来吗？

二、通过班组，成就一个企业

在班组范围内加强班组本身的管理和建设，并不是五型班组建设。

五型班组建设的本质，首先是针对人的五型化，即企业所有成员素质的五型化。五型班组建设，是企业五型化的代指，是企业通过班组结合部，首先成就企业成员素质，继而对企业关系重塑和修复，成就企业关系。然后，在文化基础之上，实现企业的创新、自主管理、效益水平提高、技术水平提高等，达到企业全面的现代性。

1. 没有厘清五型班组建设的本质和对企业管理的本质不清楚

当误解班组建设本质的时候，往往会限定班组建设的范围、变更班组建设的目标、曲解班组建设的方法、缩短班组建设的历程、降低班组建设的意义。

（1）真正的进步和质变，在于人与文化。

没有企业文化与理念的根本性进步，企业的进步就不是真实的。

（2）进步实质是以文化为核心的整体进步。

没有文化层面的进步，只有企业技术的进步，那么这种进步就浮于表面，而且这种进步随时可能变为退步。

（3）技术进步不是真正的进步。

对企业进步本质不清楚，就会误以为技术层面的进步代表着企业整体的进步，也就误以为班组局部的技术层面的进步就代表企业整体进步，显然这是一个认知误区和管理误区。不知道或不认可人是管理的本质目标，亦未能认识到文化是企业存在的本质的基本道理。

（4）误以为班组存在文化，误以为文化可以打造。

（5）对班组和企业各自特征不清楚。

对班组和企业在文化特征上不能加以区别。在强调班组建设的时候，就误解为是班组独立于企业的建设。

（6）重视班组建设，就对班组本身功能扩大化、功能全盘化，继而把班组上升到企业化认知。

在五型班组建设中，盲目地以为班组可能存在班组文化。在不自觉中把一个班组看成是一个企业。把企业文化班组化，把班组文化的企业属性抹杀，从而出现班组建设与企业建设等同的误区。

班组文化作为一个独立的概念是不存在的，也是不应当存在的。班组就是班组，班组的特征决定班组的局限性，决定班组不会存在具有个性特征的班组文化。

2. 对班组建设与企业建设的关系不清楚

（1）班组建设重在技术层面的企业文化影响，企业建设重在普世价值观对企业的技术的影响。

（2）班组建设来源于企业建设，否则班组建设就不会是班组建设。

（3）只有反哺企业建设（反哺是文化本质，并不能够在管理或建设意义下，一个层面取代另一层面），才是班组建设，否则不具班组建设的实质。

对班组建设与企业建设关系不清，才会认为班组建设等同于企业建设。

3. 对企业建设与班组管理的区别不清楚

企业建设，首先在企业关系中进行，在文化层面展开；而班组管理，则在细节方面进行，在技术层面展开。二者互补，但不能互相代替。如果误以为管理就是建设，技术就是文化，本质就是单纯的经营，那么就会误以为增加效益在关键领域的进步，就具有企业进步的实质。

4. 对企业的战术管理与战略管理不清楚

在五型化中，企业战略与战术往往需要进行概念模糊化，但这绝不是把企业战术误认为企业战略。当对二者的特征不认可时，就形成了企业以战术取代战略或以战略取代战术，从而误认为班组技术层面的成就可以成为企业五型化的主要成果。

5. 企业的文化管理没有纳入战略管理范畴

不论文化在以前的战略管理中作何定位与解释，在五型化中，文化都应当被纳入战略思考范畴。

众人皆以为丰田帝国的倾倒之势是缘于质量，事实上，本书观点认为，丰田之所以在今天出现质量问题，实际是文化退化的原因。众人皆以为丰田在全球迅速扩张是其症结，本书观点恰恰认为，问题的实质不是太快与不当地快，而是丰田文化问题因扩张而显现在质量上。

三、通过下达指令，完成企业五型化

当决策层意识到企业管理重心下移是当代管理的核心，或者决策层以为企业管理重心下移到班组，开展班组建设，将有利于企业效益和企业竞争力的提高，故下达指令，实行班组建设。

在班组建设和管理的号召下，班组管理水平确实有显著的提高，但通过下达指令完成班组建设和管理曲解了企业五型化，是一种对管理、对五型化的全盘误解。

四、通过技术管理，让企业强大

五型化或班组建设的本质是企业文化建设，是以人为基础目标和方法的建设，仅通过企业技术层面的单一进步，是不可能令企业真正强大的。无论是一个企业，还是一个国家，文化强大才是真正的强大。文化建设才是真正的建设，文化内涵管理（企业行为体现）才是真正的管理。

第七章　企业关系

企业关系界定了企业的现代性与实质性。

企业现代性，即企业具有国际化的管理思想、方式、理念，并体现普世价值观的企业行为。

企业实质性，是对企业社会化的界定和认知。如果企业关系不彰显，企业既没有现代性，同时也就不具备企业实质。

一个企业必先具有现代特征，而后才具有企业的实质性。

企业要认清自己是否具有实质性。若企业关系十分糟糕，不具有实质性，那么无论其规模多大、经济状况多好，企业的成就必然是十分表象化的，企业必定没有发展、没有未来。实际上，这样的企业只是一个人的企业，这样的企业当然不具有企业实质性。

承认企业关系，不是一件容易的事，其实际上反映了企业具有实质。

认知五型化本质，才会承认企业关系，才会得出五型化关键目标与基础目标是企业关系，也才会得出企业关系是五型化的第一目标的结论。如果认知企业关系，但不认可企业关系在五型化中的本质地位，那么就说明企业对五型化根本就没有认知。

没有企业关系，就不会有企业未来。五型化如果没有企业关系，就不会有五型化的存在。因为五型化的本质是人本化与人性化管理，是超越狭义管理范畴而上升到企业所有行为的主导思想上，并且超越企业战略而上升到企业存在的意义上。

另外，企业关系具有说明性。即企业关系好坏，表明企业是否具有未来或五型化特征。

一、什么是企业关系

企业关系，就是企业为了达到其经营目标和实现其经营价值，在主观愿望与客观实际中存在或建立起的关系。

主观愿望下的企业关系，是企业为了生存与发展，根据自己积极主动的选择而建立起的关系。这样的关系，也可以叫可选择关系。

客观实际中存在的企业关系，或叫被动企业关系，是相对于主观而言的，是在企业形成后，自然生成并且不能改变关系本质，却随企业死亡而不能存在的那些关系。这样的关系，也可以叫不可选择关系。

1. 主观企业关系

如企业与员工、企业与客户、产品与客户、企业与供应商和销售商的关系等。

2. 客观企业关系

如企业与企业主、企业与社会、经营与企业理念、企业与市场的关系等。

在企业关系中，主观与客观企业关系有时候会重叠。如果关系发生于概念范畴，主观企业关系则往往也是客观企业关系；如果关系发生于实践范围内，客观关系有可能会转化为主观关系。

承认企业关系的前提，是企业同时承认企业关系的意义。如果只是在企业需要上承认企业关系，而不在企业意义上承认企业关系，那么企业关系被承认便没有任何意义。

二、企业关系内容

1. 决策者与员工的关系

决策者与员工这组关系是所有企业关系的基础和大纲。决策层在一定程度上代表了企业，并且在代表企业的时候，有着直观、具象的特征。决策层在其所代表的企业与员工关系中，所起的作用具有特殊性，即在建设企业关系中，善则速达，恶亦速成。员工从制度、企业道德、工作公平、福利中的体现比较抽象，但从企业决策层中获取的信息却更能具体地表达、诠释着企业的一切。

企业决策层与员工的关系应当是亲切、大方、宽容、随和、具有长者风范的；决策者给员工的印象应当是睿智、庄重，生活作风严谨、工作作风雷厉风行的。

决策者对于员工的典范意义：因决策者而对企业充满信心，对决策者充满信心，对自己充满信心，对工作充满信心，并因此对生活充满希望。

2. 决策者与企业的关系

一般的私营企业，会认为企业就是自己的，自己就是企业，企业就是自己。所以，当人们赞美企业的时候，企业主会谦逊地笑笑，全把赞美归于自己，这是大错特错的。企业的确是老板的，但企业同时也是社会的、员工的。因为企业要保障员工的权利，对社会承担责任。企业有许多个人之外集体的责任与义务，单独承认显性契约关系并不能构成一个真正的企业。显性契约关系不具现代企业实质，单独承认显性契约关系，只能说明企业还停留在作坊阶段。

企业诞生于社会并不是因为企业主的一个想法和一堆金钱。没有社会，哪来的企业？没有现代社会，哪来的现代企业？没有企业内所有人的权利彰显，哪来的企业文化呢？没有公义的拥戴，哪来的企业健康成长呢？

如果一个企业根本就没有认知文化，不准备在理念方面反省自己，只知道管理需要文化，而不认可企业本质就是文化，只把文化当工具而不是灵魂，那么企业现状就非常可悲。

决策者与企业的关系则应当是父子与朋友的关系。决策者之于企业应当承担职责，即既不离企业太近，也不离企业太远。选取一个适当的距离，在建设企业中，通过企业自己也得以发展。决策者不要太过亲近自己的企业，以免过近而亵渎了。决策者最好以尊敬的心态看企业。决策者尊重企业就像尊重自己一样，这是决策者或企业主对自己的企业应秉持的态度与观点，也是自己行为的圭臬。

3. 员工与企业的关系

员工与企业的关系建立在企业之于员工关系之上。即企业如何对待员工，员工也会如何对待企业，企业以何种形式建立彼此关系，员工也会以何种形式建立彼此关系。员工与企业的关系是从属于企业与员工关系的。

员工与企业的初级关系是雇佣关系。这一种关系是显性的、表面的关系，而隐性关系是人性建设关系。隐性关系是根本的、最终的、实质性的。员工与企业的关系应当是：互相依存、互相爱护、互相尊重、互相参与，既有彼此又不分彼此。

4. 班组之于员工

通过企业制度、工作关怀、生活帮助及企业文化，体现企业对员工的关爱，借用道德、生产、理念，缔造企业与员工的关系。

班组虽然是一个工作组织，但是其承担的责任并不只在于生产。如非正式交流的制度化执行和活动、多能人的培训、对员工心理状态提供咨询等。

5. 企业之于员工

企业之于员工最重要的是是否完整地实现了隐性契约。

隐性契约关系是除了简单的雇佣关系外，具有深层次的人性建设关系。值得一提的是，这里的隐性契约关系缔造，并不单指企业对员工个人所作的建设程度的考量，同时也指个体对组织所作的贡献的多少。隐性契约关系的缔造指企业素质、员工个体素质、学习能力、良性习惯、社交能力、改善能力、工作与生活愉悦指数、沟通交际能力、对社会良性参与程度。这些都是隐性契约关系缔造的考量指标。企业对隐性契约关系的缔造首先应当有，然后要有一定程度的完成内容和完成的主观意向以及明确的完成进度考查指标和考查绩效。

6. 企业与班组的关系

企业对班组的认知水平决定了二者的关系状态。通常我们见到的是控制、下达命令、指挥职能淋漓尽致的发挥。

班组只是一个执行单位，而不是一个思考单位。但事实上，身处于等级森严的上下级关系中，作为现场的操纵者和参与者，班组很难做到发现问题、提出问题、解决问题。

真正的企业与班组关系应当是企业把班组当成是一个企业最重要的细胞，一个功能全面的、独立运行的细胞；一个具有思考能力与思考水平并融思考创新、执行与改善于一体的独立体；一个具有一定自主运作权的集体。其不依靠上级下达命令而完成生产；不依靠上级下达命令而达到班组自我建设。

班组与企业的关系具有同样的战略思维功能，只不过班组通过提案提出其战略思维给企业决策层，或者通过思考战略而达成执行力。

班组又是企业在企业与员工中的桥梁，向下代表企业，向上代表员工，是企业与员工的结合部与枢纽。

7. 企业之于社会

一个病态的社会，不会存在一个健康的企业；相反，一个病态的企业，也不可能存在于一个健康的社会。但是，企业仍要力求通过经济与商业活动，创造企业价值、员工价值、经济价值、文化价值，在病态的社会中，担负起更多的社会使命。

社会通过企业实现社会与自然人关系重塑，企业亦应当以行为向社会展示组织的责任、关爱、价值观、信仰、信念、理念。企业除自身树立的良好社会形象外，企业员工也是企业向社会输送的价值观载体，比如勇于承担责任的员工、有素质的员工、有技能的员工、有思想的员工、有尊严的员工、有爱心的员工等。

8. 企业内关系与企业外关系

企业内关系建设，一定要大过企业外关系建设。即企业对企业的建设一定要大过企业对社会的建设。因为企业对员工负有建设人性的使命。这种建设，实际就是重塑或再建企业内各种关系，修复或反省企业内的各种关系。企业内关系是企业外关系的基础。即一个正常的企业，一定是以企业内关系的和谐为先决条件的。

9. 上级与下级

一个企业如果刻意建立等级制度，并以此作为管理的手段，显然这个企业于管理还停留在初级阶段。而事实上，有些企业一方面将等级纳入常规管理范畴，享受着人性弱点中因控制带给人的快感，另一方面却又大力提倡员工的主人翁精神和口号。上下级关系应当是朋友关系，即除了能进行必要的工作沟通外，彼此还愿意进行生活、学习沟通，上下级关系绝大部分只表现在信息流通的方向性上，而非因职位形成的被动执行上；上下级都有思想的权利，并都能够及时把思想的结果毫无障碍地进行流通；上下级都能尊重思想，并力求在制度和操作规程、流程中制约彼此，在工作中形成控制倾向和愿望，从而减少矛盾，减少强制性指令和被动性的接受。

上级对于下级所做的一切，在管理中要演变为是下级对上级的需要，而非上级对下级的指令，即通常所说的管理服务化。

10. 文化与物质

企业如果没有企业文化，那是一件非常可悲的事。但是，中国企业失于管理已是公认的事实，但管理失于文化，却不大有人认可。企业理念性错误派生出许多认知误区。企业要确认文化的目标性而不能在文化奴役下堕为工具。文化建设大过物质追求，并不是忽略企业生存而空谈建设人性。企业文化的创建，要大过物质层面，是一种企业本质。

11. 正式组织与非正式组织

企业内应当有许多非正式组织。结社是人性之需。结社的好处是，人们能够以选择恰当对象达到沟通的目的或通过沟通获得心灵抚慰、工作技能答案、人生困惑之解脱等。

正式组织与非正式组织的关系应当是相互宽容、关注、倡导、引导，把它们看作是对工作的有益补充。此外，正式组织应当提供各种条件来帮助非正式组织。

与非正式组织形态相近的是"圈子"。圈子往往是人性弱点的结果。圈子的建立宗旨就是结党营私。企业中最多的圈子是乡党。

企业应当这样处理与圈子的关系：当圈子呈现过多的时候，这显然是一个信号，企业要省察企业关系是否出现了问题。圈子的形成是要解决某些问题的。因此，企业需要省察自身的公正体系有无失着，省察企业文化是否失败。

12. 信仰与非信仰的关系

作为企业，要缔造企业信仰。信仰的目标是严肃的、是正经的。在企业刻意树立人类正确的信仰时，企业本身不要堕落为无信仰。企业有义务关注员工的信仰，更有义务树立企业的信仰。企业的信仰要是大信仰，要从精神、价值、信念谈起。但这样的行为，基本上就是一个鼓励，鼓励员工倾向于有信仰的生活。

信仰与非信仰的关系应当是相互影响、尊重、关注、保障、关心、支持。企业当以员工生活入手，关注员工的信仰，并给予指导，最忌企业打压正确的信仰。企业要在时间上给予员工保障，这应当成为企业处理信仰与非信仰关系的宗旨。

信仰在中国属于一个敏感的话题，但这正是需要企业作出努力的。事实上，中国人的无信仰生活已太久了，习惯了以睥睨的心态看待信仰问题。重建信仰，善度一个人的一生，是企业应当关注的重要话题。

信仰不可回避，改革开放之后，许多外资企业主都带着信仰来到中国，我们应看到信仰远不只我们正统教育下给予的那些知识面。信仰问题于中国人由来已久。我们应当看到，一个没有信仰的国家，很难是一个有序的国家。信仰与道德几乎隔着一条线。信仰在很大程度上决定文化，也决定道德与公平。中国的无道德生活，首先要借助于信仰力量重建。

13. 员工福利与企业利润

员工应当享受企业成果，就如员工分担企业责任一样。员工的福利状态，直接影响着员工对企业的印象，甚至决定着员工是否继续留在企业工作。

员工福利与企业利润的关系：让员工以福利或奖金形式，直观感受企业利润和成就，并以该形式感受着企业大家庭的温暖，让福利成为企业理念的佐证。

14. 管理与员工尊严的关系

管理与尊严往往发生冲突，因为管理在初级企业中最后往往演变为控制。这种控制有时候近乎疯狂，即控制行为、思想并辅以如等级制度完成所谓的管理。在中、高级企业中，管理似乎发生了变化，内涵加进了许多文化、人性。但不可否认，管理本身也有控制的思想与行为的成分在里面。多数失败的管理案件，就是因为被管理者感到没有做人的尊严，最后才走人，从而导致企业员工流失率大增。

管理与员工尊严的关系应当是管理要具有现代性，要人性化，更要尊严化，以不碰到员工的尊严为度。简单粗暴的管理，显然不是管理现代性的体现。简单的管理往往发生在班组内，这对于企业建设的伤害是直接的和难以平复的。管理与员工的尊严，当以尊重为前提，而不能以伤害员工尊严为代价。尊严是员工信心、人生意义以及上进的基础。

15. 当下与未来的关系

许多企业并没有想象企业的未来，因为许多企业老板只确定自己有未来，并且认为这样就足够了。事实上，一个没有未来的企业，企业也不具有当下。

企业不能被认为是一个人的。企业要讲究实质性和现代性，没有实质性必然没有现代性，如果实质性与现代性都不存在，企业虽说还是企业，但这样的企业对于社会和员工就等于是不存在的。当企业的文化实质消失了，企业就是行尸走肉、名存实亡。

真正的企业，不是让企业有当下，继而让企业有未来；真正的企业，一定会想办法让企业有未来，从而让企业有一个真实的当下。

三、企业关系的三个层面

企业必须具有三个明确的层面，企业关系才会建立并发展。三个层面构成一个有机球体，在引力影响之下，随后才能悬浮于社会的宇宙中。

在三层关系中，核心层就是企业与自我关系的建立与建设。在三层关系中，这一层既是核心层又是基础层，相当重要。没有这一层，另外两层企业关系就无从谈起，即企业不能处理好自己与自己的关系，那么企业一定不可能与员工建立正常的关系，或在隐性契约关系上完善，当然也不可能具有社会责任和良好的与社会的关系。

企业自我关系建设，就是企业必须客观地认识自我，并且必须融入普世价值观并以行为体现普世价值观。如果企业不具有普世价值观，不具有良好的企业文化和理念，企业就不能树立自我关系，也就不可能完善自我关系。那么，这样的企业一定活在自我敌对关系中，这样的企业也一定不会具有定力，一定时时处于自我的矛盾中，最后终无出路。

1. 企业自我关系——核心层面

具有实质的企业都存在自我关系。如果一个企业不确认这一点，说明这个企业实际上不具有企业实质性和现代性。就是说，这个企业实际上不是企业而是一个作坊，无论其规模有多大。

一个五型化的企业，一个具有未来的企业，一个国际化的企业，一个文化性的企业，必然是一个人格化的企业。企业建设，就是要把其个性化特征塑造出来。五型化，在一定意义上而言，就是对企业人格化的塑造和个性化的塑造。而一个人格化、个性化的企业，必然存在自我关系调适与建设需求。五型化，也必须在自我关系调适上取得胜利。

2. 企业与员工关系——中间层面

企业与员工在三种关系中比重最大，其在所有企业关系中，比之于企业自我关系，并不关键，但更具目的性，即企业与员工关系体现企业自我关系的同时，也体现企业与社会的关系。

3. 企业与社会关系——外在层面

企业与社会的关系，相对于企业与员工和企业自我关系，属于外在的关系形式。在企业关系中，如果企业与社会关系建设不良，那么企业自我关系就一定不良，企业与员工关系也一定不良。

四、企业关系的关联性

1. 外在可以影响到内在

当企业与社会关系存在严重问题时，必然会影响到其他两个层面关系的正常契合和缔造。

2. 内在可以影响到外在

企业自我关系不和，必然会影响到企业与员工和企业与社会的关系。

3. 一损俱损，一荣俱荣

企业关系，具有共进与共退性。

五、企业关系彰显普世价值观而且是唯一成就企业未来的道路

五型化的企业关系，必定存在一个内涵，同时也需要这样一个内涵，即企业关系是普世价值观的共识在企业关联行为上达成的一致。

价值观在不同层面形成交点的现象，看似偶然，其实是必然。即必须具有普世价值观认可的前提下，企业关系才能建立并进行建设。如果并非普世价值观，那么企业便不太可能建立起正确的企业关系，也不太可能因此而成就企业未来（这是对企业诊断与企业具有未来的总则）。

六、企业关系是企业实质化的根本

在企业关系的梳理中，我们看到，企业关系如果没有建设好，那么一方面，企业实质便会消弭于无形；另一方面，如果企业实质消失，企业存在的意义就被局限在很小范围内，即家族中。此外，如果企业本质被削弱到无，实际上，企业生命就已死亡或应当死亡。

五型化，就是要彰显企业本质，就是要以建设企业关系而彰显企业本质，以增强企业本质的可视性、生命性、社会愿望，从而力促企业本身或其社会意义更大化。

七、企业关系是五型化的过程和目标

企业关系是五型化的基础、过程，是五型化的一个最主要的目标。企业关系建设伴随着企业一生，是一个不可能彻底完成的，但必须永远进行下去的一个目标。

八、企业关系现状

企业关系被企业自己和生存环境扭曲变形。

1. 被企业自己扭曲

无信仰、无理念、不讲普世价值观，从而就不可能认知企业关系和建立建设企业关系。

2. 被社会文化扭曲

企业无时不感受着世俗社会并被世俗社会影响着。

若在低俗的文化氛围中，低俗文化必然会进入并存在于根本无意设防与批判的企业。

3. 被不正常的竞争态势扭曲

误解竞争，并因势而认可当下的竞争方式，企业以认同脱离正确的普世价值观，说服自己曲从于已被扭曲的世俗价值观，从而希求自我在不正常的竞争中脱颖而出。于是，企业认为所有企业关系都应当以服务企业的有形利益为度，并在这样的一个标准下，建立不具内涵的简单的企业关系。

九、企业关系认知误区

1. 企业关系本身存在误区

企业关系本身，并没有人刻意去作探讨。中国大多数学者或企业家对于企业关系并没有准确的定义。他们也许认为企业关系很重要，但并没有意识到企业关系的重要性会影响企业发展，也更不会认为，企业关系在企业未来发展中将成为判定企业能否可持续发展的标准。

2. 员工与企业是简单的雇佣关系

认为企业给员工发工资，员工给企业出力，这是天经地义的事。这样的误区致使企业与员工之间放弃关系建设。

3. 企业就是企业，如何与自我建设关系

误以为企业是实体，企业是老板的，老板说什么就是什么，老板想做什么就做什么，老板就是企业，企业就是老板，企业跟自我不存在什么关系建设。

4. 企业要求员工负责是对的

在认为企业要求员工负责是对的认知下，企业除了下达指令，就是提出要求。企业在企业活动中，始终处于主导地位和神圣不可侵犯的尊贵地位，员工处于被支配地位。这样的定位，企业是不需要为员工负薪酬之外的任何责任。当然，企业也就不存在自我关系的审视和建设。

十、企业关系需要开发、更新和再利用

企业关系需要开发、利用，企业关系具有建设作用；企业关系如逆水行舟，不进则退，也具有破坏作用。

1. 企业关系体现企业文化

没有企业关系，就不会存在企业文化。或者说，没有企业关系（指企业关系内容）的确立就没有企业文化的存在，也等于说，没有企业关系建设行为，建设企业文化实际上就是虚妄。

2. 开发企业关系、更新企业关系就是建设企业文化

关系需要开发。如果关系不进行开发，关系本身是不会存在的。不开发企业关系，就不会确立企业关系，不确立企业关系，同时也不会建设企业关系，也就不存在企业文化和五型化。

3. 利用企业关系就是建设企业本质

企业本质具有文化性，而企业本质中的文化性，包含着企业的终极目标。所谓利用企业关系，并不是为经济目标服务，而是利用企业关系建设企业关系，从而达到建设企业本质的目的，达成企业的终极目标。

第八章　以企业关系认知企业现状

以企业关系认知企业现状，并建设企业关系。

在员工与企业的关系考量中，需确认企业行为是否具有国际化、现代性与实质性；认知企业理念的存在是否真实。

在当下与未来的企业关系中，要先确认企业是否具有理念和是否让理念与行为成为“两张皮”，衡量企业是否正走在健康发展的道路上。

以企业理念与行为关系，衡量企业自我关系是否平安与宁静，衡量企业自我关系是否正在进步与自我调适成效如何。

以显性契约关系与隐性契约关系的重视程度，衡量企业是否愿意承担责任，是否具有企业文化和希望存在企业未来。

以上下级关系看企业管理。

以员工的工作与生活关系来看企业文化成效如何。

下编　五型班组建设实施

中国企业单一产权和产权研究、应用不到位以及产权研究背景不良，是企业管理的瓶颈。

在国外，产权理论研究是在对微观经济学、福利经济学根本缺憾思考和批判基础上形成的（科斯、威廉姆森等人提出的），但在国内，人们甚至很少对企业管理的另一个重大关联——产权方面进行分析与探讨。但这又是不得不关注的，如主体如何对客体（老板如何对员工）进行利益（传统经济学侧重研究收益的配置机制）与权利（现代经济学侧重研究权利的配置机制）的最优分配，以期实现一些人的福利得以增长而其他人的福利不因此而减少（源于帕累托最优状态理论）。这些是企业五型化和人性化管理必须思考的问题。

本书期望在五型思想表达下的企业关系建设能够首先体现传统产权研究中利益分配机制，更加兼顾产权中的权利分配机制，以此解决和弥补产权不清晰和产权研究落后给企业管理带来的大问题。

第一章　企业五型化的准备工作

企业五型化，关键在决策层。因此，准备工作也主要在决策层。五型化的文化本质令其准备工作的第一步必然发生于价值观、理念、审美观、人生观的普世化上。而决策层思想方面的这些变化，必然是建立在对企业与自身行为的反省与批判上。如果没有对现状的反省与批判，就不会有企业真正的五型化。

企业的五型化，要形成一个反省的氛围和对世俗文化的批判氛围，这需要做的准备工作是要明确以下问题：五型是什么？传统管理与传统企业现状是什么？五型化可以带来什么？不进行五型化，企业又会怎样？

一般而言，企业在决定实施五型化建设的时候，企业决策层要回答两个问题：第一，主观上愿不愿意实施五型化；第二，企业现状在实施五型化后有无冲突。

一、决策层综合认知要在一个较高水平

任何企业都可以实行五型化，但如何五型化，却需要企业先认知现状，才能了解未来，从而才能发展未来。

决策层要从企业制度、文化、技术、素质、理念、习惯等多角度认知企业现状，因为五型正是从多角度来建设企业的。

认知现状包括两方面：第一是对传统的准备实行五型化的企业，要求其认知现状；第二是要求开始实行五型化的企业，进行认知能力习惯的培养。

除去主观上不愿意在企业管理上投入根本性建设的企业，如果想实行五型化，至少要有三个认知：第一，认知企业五型化现状；第二，认知五型化理论现状；第三，认知五型化要求。

认知现状，是五型化的一个重要内容。

1. 认知企业五型化现状的方法

（1）考查过去、预知未来，从而认知现状。

如果说认清现状不需要考查从前，表示管理者认清现状的能力不够。

如果说认清现状不需要思考未来，那么显然认清现状的意义不大。认清企业现状，不只是把眼睛盯在现状上发现问题，也不只是在当下去寻找。有些企业的问题可能隐藏在未来。认知现状，也不只是服务于技术层面的战略目标，还是对文化、理念、人性建设目标作出考量。

（2）从文化方面认知现状。

认知现状，首先要选对视角，其次还要存在标准。所以，在认知企业五型化的时候，当从多视角与文化等方面进行认知与印证。

（3）从理念方面认知现状。

看企业是否存在企业理念，看企业理念是否获得体现。

（4）从经营方面认知现状。

如果经营是通俗意义上的经济目标的话，显然这样的考察并不能体现整个真实的经营状况。在企业所有的认知标准中，经济指标是相当重要的，但往往在企业认知中，过度认知经济指标会使认知本身陷入误区，会使企业失去战略与未来眼光。

（5）从战略方面认知现状。

企业在能够基本生存后（不是生存能力），就要确立战略和反复进行战略认知。战略认知是企业未来的第一件事。没有战略认知，就谈不上战术认知。无战略战术认知，就不可能存在真正的战略战术管理，而是进行常规管理，这样很容易使企业管理出现问题。

（6）从战术方面认知现状。

战术是战略的基础，战术体现战略。战术指企业执行战略的所有细节层面上的企业行为与企业管理内容。在认知时，应着重于企业所有行为，而不仅只是在战术层面上。

（7）从员工对企业形象的评价方面认知现状。

认知企业，必须关注到员工对企业的态度与认可程度。

（8）与同类和不同类企业对比认清现状。

用类比法，比较同类型、同规模或不同类的企业。可以与同文化背景的企业类比，也可以与不同文化背景的企业类比。

（9）与国际企业对比认知现状。

在企业间的类比中，与更高水平的企业管理现状类比，更能说明问题和看清自己。

（10）以企业关系认知企业。

以企业关系认知企业，是所有认知方法中，最重要的一个方法。企业关系直接决定着五型化内涵水平。

2. 认知五型化内容

（1）四个关键。

五型化有四个关键：实行五型班组的关键是决策层而不是班组；建设五型班组，关键在员工而不在班组长；建设五型化企业，关键是在文化而不在物质层面；建设五型化不只是过程，同时也是目标。

（2）七个方面。

企业管理现状、企业主认知现状、企业主五型化企业现状、员工素质现状、文化定位现状、理念质量现状、技术创新现状。

3. 两个必须清楚

（1）必须清楚描述五型化企业后的现状。

不知道目标，多半也就不知道方向了；不知道方向，又没有目标，五型化就不具有意义。

（2）必须清楚传统企业与五型化企业之间的落差。

必须清楚构成这种落差的因素与距离，并且总体距离感要能够理性描述。

4. 认知现状的好处

（1）有利于企业未来。

看清现在，才有未来；看清传统管理，才能确立五型化。

（2）有利于明确五型化发展方向。

今天筑就明天的发展基础。

（3）有利于五型化中随时反省和发现问题。

培养良好的认知习惯和摸索出良好的认知方法，令认知制度化；要形成多角度、多层次认知，以期形成企业视野和发现问题并培养发现问题的能力。

（4）有利于强化战略管理。

企业对现状规律的科学的认知，其本身就是战略管理的一个内容。

（5）有利于企业管理处于均衡状态。

在许多情况下，企业管理易形成侧重从而导致偏废。对企业现状认知，使管理时常处于动态中，并在动态中平衡。

二、决策层要五型化的四个关键

1. 根据现状决定五型班组建设方略

（1）当企业在决定建设五型班组时，要根据现状得出建设方略。

（2）没有企业文化、没有企业理念的企业，最好先解决基本问题，然后再实施五型化。

2. 根据现状制定五型班组建设标准

狭义五型建设，需要一个标准。五型班组的建设标准，并不局限于技术层面，还包括文化层面、管理层面的内容。

（1）技能型：班组技能工比率、班组多能工比率、“四会”班组长达标率。

（2）管理型：交期达成率、产品直通率、产能达成率、灾害事故件数。

（3）创新型：改善提案参与率、改善提案实施率、QCC 成果达成件数。

（4）和谐型：员工投诉件数、班组员工离职率、班组员工访谈次数。

（5）效益型：工时损耗率、材料消耗率、预算达成率、成本改善件数。

3. 根据现状进行执行

五型班组建设，并不是一个可以达到全部目标的过程。尽管在技术层面是可以量化的，但是在文化层面就难以量化了。五型化本质是文化而非技术层面，在执行时，必须知道五型的这种特性，即文化性。如果过度量化，就易把过程演变成目标，这将违背五型化初衷。

4. 根据现状检查过程中的问题

五型化过程中的问题，多半来自于决策层，即在五型化过程中，决策层忽略其文化本质而把五型工具化，要求有具体的五型化可供考核的标准。为避免这种五型化过程中出现的问题，决策层要时刻反省五型化的目的。

5. 根据现状进行改善

五型化是一个持续改善的过程，但并不只是针对物质层面的目标，还有针对文化、深层次管理方面的目标。五型化从根本上说就是文化目标和过程。

第二章　五型化行为第一步：企业关系重建

人们似乎总不想停留在以人为本的思想上去完善企业管理。一些掌握了影响人类发展的技术、权力、能力的人，总想靠一己之力去成就自己也看不清的东西。于是，在一次又一次失败中，最后还得再回到起点。在这一点上，企业家表现得比政治家更加明显。

20 世纪初产生的科学管理理论强调的是，通过制定标准的操作方法来训练工人，用经济手段来驱使人们工作，这种想法忘记了人在企业活动中的根本目标和获得企业利益的关键资源和手段。

亨利·福特创造的自动生产流水线将科学管理原理发挥得淋漓尽致，而艾福利德·斯隆创造的事业部制则是科学管理在组织上的保证。自动流水线和事业部制体现了“效率至上”的管理理念，以“人适应机器”的方式满足大量生产和消费的经济发展要求。但科学管理并没有将人重视起来，而是被轻视甚至存在把人边缘化的倾向。

科学管理理论是亚当·斯密分工理论在管理实践中的应用。这一理论，把人放在大生产过程的从属地位。表面看起来，科学管理理论只是存在一些不当之处，实际上科学管理理论欠缺整体社会背景下文化的渗透，致使科学管理理论出现本质性瑕疵。管理学不恰当地走在了文化前面，当然这也是人性弱点使然。

当历史进入 20 世纪 30 年代，霍桑实验证明生产效率主要取决于员工的积极性和“士气”，而员工的积极性和“士气”又取决于员工家庭和社会生活以及企业中人与人的关系（这是五型化思想基础之一，还有企业管理与企业行为之人性建设和社会建设的隐性契约关系达成）。这是管理史上第一次明确了人在管理中的重要地位（其后，五型化的发展明确了企业行为的人性建设目标，完善了霍桑实验）。

事实上，人本思想并不是一个新玩意。在西方的宗教思想中，我们早已清楚了人的中心地位，也更加清楚了任何目标都是为人的成就这个根本性目标而存在的。但是，在工业化出现后，人们一次又一次背离了这一根本目标。

五型化的根本目标，就是让管理平衡化。

企业关系重建，是五型化的基础工作，也是五型化的关键和核心；企业关系重建，是发生在企业灵魂深处的流程再造，是企业发展阶段由原始状态步入高级阶段的必由之路和升华之路。企业关系重建，是一个浩大的工程。

一、为什么说企业关系是五型化基础

1. 企业关系体现了五型化实质

五型化的实质就是人本化管理、企业的实质化、企业的现代性以及将企业管理文化化、将企业管理重心下移至班组，企业战略战术化与战术战略化，企业管理均衡并倾向于文化一侧，全方位关爱员工、削弱企业等级制度，并建立企业未来等思想。

企业关系的建立，大部分集中在人与人关系的修复上。当企业关系修复了，企业管理就掌握了根本，广义五型班组建设初具规模，狭义五型建设就能形成足够支持。所以，企业关系是五型化的基础和基本目标。

2. 企业关系表达的管理对象是人

企业关系中，人是关系构成的主体。以人为目标的管理成就是五型化的基本思想，也是五型化的基本目标。

3. 企业五型化首先是人的五型化

企业五型化，首先是人的五型化。人是企业的主要资源与最重要资源；人，体现企业主体性的同时体现企业目的性。

在人的五型化中，必然以最主要的能代表企业主体阶层内和其与企业各阶层间关系程度作为五型化水平的标准。

二、为什么说企业关系是五型化基本目标

企业关系的确立、建设、修复，确立了企业文化、理念、价值观、审美观，从而确立了企业未来，也确立了企业管理的本质、意义、方法。

1. 确立五型化是人的五型化

首先，企业关系在成为五型化基本内容后，阐明和诠释了五型化的本质，即阐明了企业五型化是人的五型化。

2. 确立企业五型化是企业管理的人性化方向

企业关系确立五型化不是狭义上的管理手段，而是企业广义管理上的根本性内容。在企业关系确立下的广义五型化中，体现了强烈的人性化管理思想。

3. 确立五型化中的企业普世价值观

企业关系确立了企业价值观，标榜了其具有的普世性，并且说明了在排斥普世价值观的混乱理念下，企业难以真正有成就的缘由。

4. 确立企业未来

企业关系确立企业未来。有企业关系，才有企业未来。企业关系建设，表明企业对于未来而建设。企业关系修复，表明企业在反省自我缺点和问题，表明企业具有反省素质和本能。

三、企业六大优先关系建设

1. 企业与员工

企业与员工这一组关系的特征是组织与个体。这一关系在本质上的对立性，通常是企业难以处理好的症结所在。企业往往为了自身利益而伤害员工利益；而员工往往因为企业并没有较好地体现隐性契约关系而背离企业。企业往往以制度或各种形式，令企业与员工紧张的关系更加白热化；员工也往往将本来不属于企业的问题最后统而概之并归结到企业名下。

2. 技术层（物质与经济层面）与文化（理念）

这一关系的优先性，是企业往往因经济目标而放弃文化目标，最后经济目标终难以完成。或者企业往往把这种结局归结到单纯的管理原因上面，而长久忽视管理的文化本质，最后结局是企业难以为继。

3. 决策者与企业

决策者往往会因凌驾于员工之上并继而凌驾于企业之上，最后导致管理失败。企业显然不等于决策者，即使决策者就是企业主。企业的本质在现代性下与传统企业形成尖锐的对立。传统企业经营思想，越来越不具有现代性和现代企业的实质性。如果传统型企业思维不产生革命性改变，新型企业必然淘汰传统型企业。

4. 决策者与员工

决策者并不完全是企业的灵魂，我们宁愿说，决策者是企业的体现者和操纵者。

决策者以一个企业的具象出现，是一个活生生的企业；而企业则以一个组织形态出现，是一个组织化了的决策者。员工往往会交替地、等同地并时常处于矛盾状态地在二者中轮番看待。这样将不利于员工与企业缔造五型化企业关系。因此，决策者或企业所做的是，一要让员工分清楚决策者不等于企业，在员工与决策者或企业的关系互建中需要预防出现一损俱损的局面；二要让员工知道决策者与企业又有重叠的部分，让企业更具人格化，这将有利于企业与员工关系形成最大容忍度和谅解。

5. 决策层自我关系

在企业管理中，我们很少谈及企业关系，更遑论决策层自我关系的调适与建设。但是，在五型化中，决策层自我关系重塑的基础性与前提特征，决定了它是五型化建设的优先内容。

6. 员工自我关系

员工自我关系，虽不如决策层自我关系对企业影响重大，但是员工自我关系的考量、建设与修复并不因此而应当被轻视。相反，如果不注重员工自我关系的认知和建设，企业同样会发生不明原因的管理缺憾，久而久之，将会令企业半死不活。员工整体自我关系不良，危及企业根基的作用等同于决策层。或者说，不重视员工自我关系修复，本身就说明了决策层和企业的自我关系建设出现缺位或畸态问题。

四、自我关系重建

自我关系重建有三重：

第一，是决策层自我关系的重建。在这一重关系重建中，对于一个并不完全成熟的企业而言，决策层自我关系重建是企业自我关系重建的前提与条件。

决策层自我关系重建，与企业自我关系重建和员工自我关系重建的性质不同。与员工自我关系重建相比，决策层自我关系重建关系着企业关系重建，并担负着企业自我关系的重建，影响着企业自我关系重建。

第二，是企业自我关系的重建。企业自我关系重建不同于决策层自我关系重建。企业自我关系重建具有组织性特征，其重建根源与企业理念、企业文化、企业生活相关。

第三，是员工自我关系的重建。自我关系是指人或企业在存在过程中，内在矛盾在条件下反应与冲突时所呈现的某种具有对立性的精神状态。

员工自我关系的重建，只需要理顺员工自己内心的冲突就好。让员工清楚自我、明确目标，然后增加精神世界内容，达到内心平安与和顺。

员工自我关系重建，与前两者相比简单一些。决策层与企业自我关系的重塑，都需要互相考虑，即决策层并不是单独的一个人，而企业也并不是完全具有组织性。决策层与企业在自我关系重建中，都掺杂着对方的成分在内。

（一）决策层自我关系重建实施

自我关系重建是一种能力的体现，需要一定的文化水平与素质修为作为基础。对于组织形态的企业是这样，对于企业成员也是如此。

在企业成员中，决策层位处高层，掌握着企业意识形态，故决策层在自我关系重建时，个人素质与文化修养成为必然条件。

1．决策者思想、理念重塑

决策者个人经历和人生观、价值观、审美观与企业发展和企业个性密切相关，尤其在企业文化、企业个性没有定型时，这种影响会直接导致企业个性塑造缺位和失败，终致企业发展遭遇障碍。

站在企业发展、企业利益的角度看，决策层秉持什么样的企业个性，将有利于企业形成正确的企业理念，而后利于企业形成个性、企业文化建设、企业的现代性建设、企业的国际化。

理念根源于文化。理念不彰，理念缺位，理念不正确，根源是企业决策层对文化认知不清。企业应当看清文化与理念对企业的影响，也要看清文化与理念才是自我关系建设的源泉。同时也要认识到，企业自我管理失衡其实就是自我关系不良引发的。一切问题的关键与根本，不在外面（扩张本无对错，盲目只是一个强加的罪名，并无内涵），关键还是企业自我关系的建立与调适。

狭义的理念有别于文化。重塑理念就是重新调适自我关系。在这一点上，企业的自我关系重塑，显然大部分在于决策层自我关系的重建与调适。

以下所列理念是广义的，即把一些决策层职位特征性思想或非直观管理行为也列入理念的范畴。

（1）人本主义思想。

在管理中，要以建设人性和尊重人为中心，形成制度、设计机器工作方法等。

（2）对狭义管理的本质持批判态度。

狭义管理（纯技术性管理，不认可文化是管理的本质），不只是对被管理者行为的一致性提出要求，有时候是通过对被管理者思维的模式化控制，进而演变成对思想自由度的控制。

（3）消除管理中的个人权力因素。

不论管理者是否具有主观意愿，管理中很难不带有个人权力主义的负面影响。作为管理者，要认可管理负面性影响已成事实，并努力自律，最大限度消除这种不良影响。

（4）对世俗文化现象持批判态度。

管理涉及人的许多方面。于是，对世俗文化（或者叫社会文化）进行批判，并在企业内进行人性化建设是形成企业文化的必由之路。

（5）树立管理中体现善意的表达方法。

作为一个决策者，并不能超然于企业管理之外，而是必然会身处于企业管理的中心。但是许多时候，由于其地位的特殊，位高权重、居高临下，于是久而久之营造了一种心态或心境。这样的一种心态或心境，往往误导了管理者对自我的认知和对自我的人性建设，并且同时阻断了普遍意义上的属于人际关系范畴的信息反馈。因而，管理者必须时常研究一种善意的表达途径和方法，并以制度和习惯的形式固定下来，反向促成善意的生成。

（6）人性化理念。

不只是体贴员工，应尽可能地给员工创造一个良好的工作、生活环境，并把员工当成企业成员，以推己及人的心态处理管理中出现的各种问题。人性化，表达的是一种企业价值观和终极目标。

（7）自主管理理念。

自主管理是企业成熟阶段的标志，自主管理是主客观努力的结果。自主管理是一种世界观、价值观，自主管理行为是企业文化。

2．决策者信仰重塑

（1）要建立自己的信仰。

（2）培养对人首先要信而不是首先要疑惑的思维习惯。

（3）注意信仰对于管理的结合和应用。

3．决策者生活重塑

决策者当有个人感恩与有尊严的生活。

（1）自律下的有益于人性建设的生活观。

不放纵自己的私生活，并提高自己做人、做事、做管理的素质。

（2）尊重家庭成员。

尊重是一种习惯，从尊重生活在周围的人到尊重员工。

（3）活在感恩中。

时常感恩，有利于智力水平的提高。

（4）自我谦逊。

避免犯错和后悔的最好方法是，首先怀有检讨的心态，谨言慎行，然后细心论证，再决定自己的态度与行事方法。

4．决策者对企业应持态度

企业的个性化、独立性、人格性特征的树立，体现了企业与企业管理的现代性，企业家必须反省传统的企业经营过程中简单、暴力倾向。要把自己在企业中放小；要把自己在企业中，与员工在思想上等同；要刻意树立企业个性并彰显企业个性；要把自己对企业的不利影响以制度和文化的方式压制或影响到最小，这些是企业家做大做强的必要条件。没有这样的思想，把企业管理随意化甚至情绪化，视企业为私产，那么这样的一个人的企业，必然失败，必然不是一个真正的企业，必然不具有企业现代性和实质性。

（1）尊重企业的独立性和认可企业位格（该中文词源拉丁文，意即具独立性、完整性的感情、思想等）。

（2）区分自己与企业，并在意识上形成一定距离。

（3）引导企业个性形成，并引导企业所有员工尊重并共同塑造企业个性。

5．决策层与班组关系重建

决策层与班组关系重建，是指伴随着企业管理重心下移至现场、一线、班组的管理行为而令决策者产生的一系列新的管理思想，并认可班组是新型企业管理的重点。班组对企业还有另一种贡献，即决策者要明确通过班组，实现员工与企业关系的修和。

（二）企业自我关系重建实施

企业自我关系重建是决策层站在企业角度进行的重建工程。企业自我关系重建具有下列特征：其一是体现决策层的意志企业化；其二是企业文化对企业意志的影响。

1. 理念重建

许多企业只有经营理念，但没有企业文化理念。一个没有完善理念的企业，即使不是一个短命的企业，也必然是一个无知的企业。企业理念关键在于文化理念，而理念的本质不在于存在而在于实现。有理念、有行为、有对理念的尊重，才是一个完善的理念的核心内容。

（1）存在。起码是在经营理念之外尚存在文化理念，并为理念而进行切合实际且能指导实际企业行为的研究。

（2）接近国际大企业。

（3）被当地社会和国际社会接受与赞美。

（4）建设人性。

（5）能够体现理念的企业行为，首先是围绕企业成员的人性建设而展开的。

2. 文化行为重建

在企业中，理念小而凝聚，文化大而散在。

文化不是打造的，文化源于人性，是原来固有的。文化只有体现，而没有打造。文化要有特征，决定企业文化是选择的结果并通过行为体现而形成的。这里所说的文化行为体现，是指企业形成企业文化的方法是努力在所有企业行为中最大限度地体现管理的文化本质。文化体现了，文化就被塑造了。

企业文化的很大一部分，是来源于社会文化。

企业行为刻意地、有计划地、以制度和习惯性用语等体现文化本质，是企业能够达成自我关系修复和重建的唯一途径。

（1）体现有个性的企业文化。

（2）以文化建设企业和企业成员人性。

（3）在企业经济目标中，要树立文化目标，且不可使文化目标偏废或在管理中失衡。

3．普世价值观确立下的行为重建

（1）承担责任以修复企业自我关系。

①对员工。不只是显性契约关系，还有隐性契约关系，在企业自我关系建设中，隐性关系才是修复企业自我关系的关键。

②对企业自己。不只是经济目标和利益，也有文化目标和素质。

③对社会。对社会承担责任，显示企业价值观的普世性、主流性。这种社会责任的显示，并不在于外在的荣耀猎获，而在于自我修身。如果不能抱着内修的目的，那么企业自我关系修复将永远无望，企业也绝不可能步入五型化企业行列，同时也不可能成为国际化企业。

（2）公正。

企业要进行制度化的公正彰显。要力求在所有行为上，打上公正的烙印。如果一个企业失去公正之心、公正之行，那么企业管理便无正确可言，企业也就不会有未来。

（3）企业关系的认知建设。

企业关系中企业的自我关系修复，是企业关系建设的根本与基础，而在自我修复之前，首先要对企业关系是五型化的第一步产生认可。

（4）价值观。

①确定普世价值观为价值体系核心，排除非普世价值观的影响。

普世价值观始于自由，派生出平等、博爱、民主、尊严、人格、生存等标准，不惜抛弃一切而进行维护自由的精神准则，就是普世价值观。普世价值观也是作为一个人的最基本的价值观和人类社会走向和谐的基本契约。

事实上，一心想回避普世价值观的企业不在少数，但企业置其于不顾，对于那些想进行五型化的企业来说，实在是可惜。

企业要修复自我关系，必须认可并以行为符合普世公认的价值观为准绳。

②以行为方式改变决定思维的变革为五型化方式。

我们要明白不是企业思维模式，而是行为模式才是企业最关键的发展阻滞。所以，在企业五型化中，可以先将思维模式置于一边，以普世价值观改善企业关系，以期在行为模式改变后，完成思想变革。

（5）对客户。

①对客户的重视程度不能超过对员工的重视程度。

②对客户要在思想上形成伙伴关系而不是商业关系。

（6）对员工。

对员工，以对待客户的关系对之，即对员工要以礼相待。

（7）对未来。

①决策层有未来的计划，企业才可能修复自我关系。

②企业有未来的能力，才具有修复自我关系的能力。

③企业有一同共建未来的员工，才具有自我关系修复的可能。

④有与普世价值观相近的行为，才会有未来的可能，而有未来，企业才会有自我关系修复的可能。

⑤必须有足以形成个性和凝聚力的企业文化。

（三）员工自我关系重建实施

对员工自我关系重建的理解在于员工的职业身份，意味着重建必须与企业、工作存在联系。员工自我关系重建，首先，要让员工的认知上升到理念高度并与企业各层面的理念结合，然后，员工的自我关系重建才能真正实现。

员工自我关系修复：第一是认知；第二是执行；第三是创建；第四是自我理念调整与重建。

1. 员工工作理念重建

（1）不怀揣对立情绪工作。

不要以一种被压迫者的心态去工作。尽管有些员工可以从宏观视野下，找出许多令自己心理失衡的依据，但是与企业达成契约关系后，就不可失信于自己并在之后又失信于企业。

（2）不为生存而选择工作。

我们当然应当为满足基本生存而工作，但是，显然在大多数的情况下，我们并没有认真地选择工作，而是单纯地为生存而选择工作，这是不尊重自己的表现。

（3）不因为乡党而选择企业。

许多情况下，我们选择工作是在为别人、为圈子而考虑，并没有为自己的爱好而考虑。因此，在大多数的情况下，总觉得自己委屈，与自我关系处于不和谐之中。

（4）以自我成就进行工作。

在工作的时候，要以自我成就作为目标。我们当正视自己的不完美并接纳这种不完美，然后以自我改善为终极目标。但我们应当认为，企业有足够空间完成员工自我升华。

（5）以感恩的生活态度去工作。

要心存感恩，这是一种工作心态。如果我们具有这样的心态，那么在工作中就不难处理看似复杂的人际关系了，我们也就能够处理好自我关系而后成就自己了。

（6）从企业理念获得自我重建信心。

既然我们选择了企业，我们与企业的关系就确定了。从企业理念上与企业接近，在成就企业的同时也成就自我。

（7）从别人人生理念中获得工作的愉悦感、成就感与尊严。

在成就自我的过程中，不仅要身处下位以学习的姿态成就自我，还可以在别人对自己的学习中成就自我。

（8）从企业隐性契约理念中获得责任感。

明白自己与企业不只是显性契约关系，隐性契约关系的达成，才是更具实质性的目标，并从中放弃自己不正确的理念。

2. 价值观

其一，树立一个被国际社会广泛认可的价值观，并在自我行为认可的同时，检验自我的价值观；其二，在对世俗批判的基础上，形成自己的价值观。

3. 审美观

世俗社会的审美观并不能完成作为想进步的人的蓝本。真正能够进入合乎普世价值观的审美领域中的人少之又少。但能够接受普世价值观并以普世价值观成就自己的人，才是真正的人。

4. 人生观

人生观，需要体现在实际中而不是口号中。如果不借助信仰，解决人之大爱，爱就存在极大困难。而如果一个人不具有大爱，实际上其人生定会趋于平面化，而无任何精彩之处。

5. 与企业关系

如果企业力求表达善意，完成最初与员工达成的隐性契约关系，那么员工为什么不回报企业，与企业缔造一种良好的现代性关系呢？如果在企业善意面前仍裹足不前、故步自封并且自私自利，那么便不配在这个企业继续待下去，我们应当寻找一个与自己价值观、人生观、审美观、世界观相匹配的企业去工作。

6．工作人际关系

人际关系不只是工作的需要，更是人性的需要。工作人际关系好，工作才会好。工作积极，才会改变工作人际关系，形成固定的工作人际圈。

7．学习人际关系

学习成就别人与自我，学习成就工作、成就生活，学习也成就别人和学习本身。学习改善一切，学习变不能为可能。树立良好的学习人际圈，能让自己在这样的圈子中与他人交流、沟通、分享。

8．生活人际关系

要树立良好的生活人际关系圈。生活选择人际关系，生活改变人际关系，生活认识人际关系，生活提高人际关系。

（四）企业自我关系之行为重建

过去我们认为思想控制着行为，实际上外在的行为才真正控制着思想。因此，在五型化建设的自我关系重建中，一定要重视行为，这是平衡内环境的重要途径。

1．清扫习惯

在未认识6S之前，人们并不能从其本身获得对企业和管理更多的认知。而在获得其带给企业的益处时，许多企业也未必能从6S中得到更多的启迪。

6S简单的外表下，实际并不简单。或者说作为一种管理方法，其不简单之处在于我们主观上并不愿意在其教人养成良好的爱整洁习惯，而是据其本质，从人性的角度挖掘些什么出来。

6S是一种文化，一种促进企业素质的文化。

在6S中，人们常会把思维停留在企业层面。事实上，6S中的最大获益者除了企业还有个人。即企业素质是由集体素质构成的，而集体素质主要是由一线班组成员的素质集合而成。所以，除企业外，6S的最大受益者还有企业员工。在员工的自我关系修复中，6S显然是一个最恰当的通途。

2．文明习惯

从文明习惯的培养中获得自我关系和谐。

3．工作习惯

工作中存在乐趣。

4．语言表达上的选择

要让员工从语言的表达选择中获得自我成就，并借此让员工获得自我关系的改善。

5．思维习惯

以学习、人际关系与行为改变思维习惯，并借此改善自我关系。

（五）企业自我关系之沟通重建

1．非正式沟通与交流

通过非正式交谈和各种非工作性的联谊会，了解企业与员工。企业在这样的联谊会中，达到自我发现和自我沟通。员工也在这样的场合下发现自己、了解企业，在沟通的同时内省，以沟通和内省达到自我关系的修和。

2．制度性沟通与关系重建

企业通过制定各种制度，比如学习制度、联谊会制度、工作交际圈制度等进行强制性沟通，以达到自我关系和谐。与上述各种非正式联谊会不同，制度性沟通将需要细化运作，比如设立具体沟通内容、达到怎样的沟通程度等。制度性沟通当具有强制性成分。

（六）自我关系责任重建

1．员工的自我关系责任重建

（1）员工通过学习，主动承担责任，以此达到自我关系修复。

（2）员工通过体会，明确自己的责任，然后达到自我关系修复。体会企业与自己的关系，体会社会与企业关系，体会人与人的关系。在明白外在的关系后，得到内在自我关系的和谐。

2．企业的自我关系责任重建

（1）企业通过在企业内阶层的互动与学习，以承担责任达到企业自我关系的重建。

（2）在活动中，担当应该的责任，以此达到企业自我关系建设。

（3）以责任实践促进责任认知，达到自我关系和谐。

（4）通过学习，知道责任在企业经营中的作用。明白责任，清楚自己所处的位置，进而修和自我关系。

（5）强化企业文化理念和企业文化行为，深化理念印象，改良理念指导与思维方式。

（6）对社会责任的反省促进自我关系发展。

要对社会承担责任，但要把这种抽象的、概念化的东西实质化和具体化。在企业内建立一个良性秩序，在秩序下实现内在和谐与关系进步。

（7）时常对客户、供应商、员工以及自我责任关系进行公开陈述、责任讨论。明白责任双方或多方的共进与俱损的原理，不要让责任留下缺口。

责任社会化的特性是一荣俱荣，一损俱损，但一般人很少看到这一点。于是，责任多表现得不真实，流于表面。比如，员工与企业关系不好时，企业与客户关系实际上也就不会真实地缔结。当决策层与员工关系不好时，供应商与企业关系就会出现问题。如果对客户没有承担责任，那么市场最终就不会与企业和睦相处，企业就有可能会失去市场。在这样的关系链之后，最终自己就不能和自己建立正常关系。

（七）自我关系道德重建

只有存在道德并不断彰显道行的人（或企业），才有可能是一个和自我达成良好的关系状态的人（或企业），才能呈现一个和谐的自我契约关系。最后企业在明白外在的关系后，得到内在自我关系的和谐。

五、以企业为主导的企业关系重建方法

1. 企业与员工的关系

企业与员工的关系是企业关系中的基础关系，所有的企业关系都会因此而进步或者缺位。因为企业与员工是企业关系的主体，如果没有很好地缔造企业与员工的关系，那么企业自我关系就可能全线崩溃。当企业自我关系缺位时，企业关系实际就如在沙滩上建高楼，不具有实质性。

2. 决策层与员工的关系

决策层是企业的灵魂，员工是企业的身体。二者关系如果不好，企

业就会像失了魂一样，变成行尸走肉。

3. **理念与文化的关系**

在企业中，要避免理念与文化的冲突。理念与文化的冲突，即理念的非普世价值观表达与文化的普世价值观发生不兼容状况。如果理念与文化冲突，或任由这样的冲突发展下去，那么理念就会迅速破坏文化。

4. **企业与社会的关系**

企业是社会的一分子。与人比较，企业是一部分人的代言人。企业在社会中的形象与所作所为，体现着企业、员工的理念、价值观、审美观、世界观。企业如果不能够积极参与社会，承担社会责任，员工与企业、员工与决策层关系就会处于松动状态，员工就会质疑自我行为、企业理念和文化的正确性。于是，企业关系就可能会发生总体动摇，从而派生出许多问题。企业关系就会发生三个层面的不良连锁反应：外部关系（企业与社会）——内部关系（企业与员工）——自我关系（企业理念、信念、文化、精神、道德的自我质疑）。

5. **文化目标与经济目标的关系**

文化目标多半被企业忽略，有些企业对于未来认知的无知与肤浅，揭示了决策层对文化的无知，因而文化目标实际上根本不会在企业内生成。

企业在建设经济目标时，要知道只有文化目标才能在根本上体现企业的意义与价值，而非经济目标。

文化目标与经济目标所占比例实际反映的是企业有无未来，也反映了两类根本不同的企业本质，即一种具有现代性与实质性，一种不具有现代性也不具有实质性，充其量只是一个作坊，其决策者也不是企业家，只是一个私营作坊主。

6. **生存与发展的关系**

当企业具有基本生存能力后，企业就应当图谋发展，但并不是说，企业在具有生存能力后，才应当考量生存与发展的关系。事实上，企业一开始就应当考虑到生存与发展的关系。这种关系其实是暂时利益与长期利益的关系，也可以说成是经济目标与文化目标的关系。生存与发展的关系是与生俱来的，没有发展，实际上很快就会不能生存。

六、企业与员工关系重建第一步：员工生活关怀

企业五型化的切入点是企业关系建设；企业关系建设的第一个切入点是企业与员工关系建设；企业与员工关系建设的第一个切入点是建立员工生活关怀小组和员工与生活关怀小组的关系成就。上述三个切入点，是开始企业五型化的第一步。

1. 企业成立员工生活关怀小组

成员：常备小组成员由企业外专家或企业内具有相关心理学、社工类学科背景的人组成。

成员数量：两个。

成员性别：至少有一个女性。成员中其中一个须来自企业内，即收集员工个人关系问题者；另一个则须来自于社会，即是专业人员。

负责人：班组长。

2. 班组长职能

（1）起引见、消除陌生感的作用。

（2）作出员工关怀在具体时间上的安排。

（3）与企业内常务员工中负责生活关怀的成员一起确定（注意，是“确定”不是“决定”。员工关怀不是行政权力，只是在企业常备成员之下帮助确定的）自己班组成员需要关怀的事项与程度（原则上人人都要进行关怀）。

（4）补充员工信息。

（5）起到与企业关系重建具体对应目标的作用。

（6）班组长在具体关怀事宜上，只是配合常备小组行事。

3. 简单的员工生活关怀诊断依据

这里所说的员工，是企业所有成员，包括决策层、中层干部和班组长。

班组长是救助责任的直接负责者，但并不适应决策者。决策者可以直接依据本标准自我关怀，或求助于外来专家。

员工生活诊断的问题有：

（1）工作主动性不强。

（2）工作能力下降。

（3）工作上没有任何问题，但是生活上一团糟。

（4）婚姻问题。其一是没有正常的婚姻；其二是问题存在但迟迟没有解决。

（5）不具有持续学习的热情和能力。

（6）人际关系不良，或人际关系表现在寻找圈子，具有结党倾向。

（7）沟通障碍。包括工作沟通与生活沟通。

（8）偏远地区的以个别形式出现的员工，即没有共同方言背景的员工，或没有共同民族特征背景的员工。

（9）突然改变个性和生活特征与习惯，这是一种危险信号，往往提示该员工在生活中遇到重大变故。

（10）对性不严肃的员工。

（11）不良语言表达习惯。如在沟通时，表情淡漠、语言粗鄙。

（12）不热爱体育运动的员工。

（13）对自然不感兴趣的员工。

（14）偏食的员工。

（15）不注重个人卫生与穿着不整洁的员工。

（16）对时间不敏感的员工。

（17）言谈举止不自然或看上去有些勉强的员工。

（18）经常不笑、脸上表情不丰富、手指表情不自然、身体表情呆板的员工或谈话时眼睛不直视对方的员工。

（19）对动物不同情的员工。

（20）存在语言倾向化的员工。

（21）怀疑一切的员工；不信任文化生活中源于媒介或同事传达的善意；对路遇别人表达的点头与微笑不作同样回应的员工。

（22）对自己应当保密的隐私却无视其信息本质，而情绪化地随意处置的员工。这显然是员工文化程度不高，对个人隐私与尊严关系认知不清，或者员工对什么是有尊严地生活认知不清。

（23）员工不感恩。当员工接受了别人的帮助时，第一是不善于表达感谢；第二是不知道需要表达感谢；第三是不认为值得感谢；第四是员工心里有不满，这样，该员工就难以成就任何事；第五是该员工可能从本质上就不是一个知道感恩的人。

（24）不孝之人。在企业管理方面、在五型化建设中、在企业关系修和中，用人需要慎之又慎。宁愿“民工荒”，而不要“员工谎”，宁缺毋滥。企业可以走慢一点，但不要走错。走慢，可以赶上。但走错，却很难回头。

4. 员工生活关怀的保密性

（1）负责员工生活关怀的小组介入实施工作，应在保密中进行。

（2）有关员工生活关怀的信息收集，应在保密中进行，并且在收集后，不得泄露。

5. 企业与员工关系重建的三个前提

（1）决策层自我关系达到修和。

（2）成立一个由班组长带头的，能力足够的员工生活关怀小组，组员由常务员工生活关怀成员与班组长组成，但以班组长作为常务员工生活关怀成员的临时负责人。

（3）以访谈形式为主的工作方式。

关注员工生活不是干涉员工生活，因此必须讲究关爱方法。访谈形式，就是随意拉家常。但访谈是有目的的，所以与随意拉家常显然具有本质区别。

6. 企业以班组长为代表的员工生活关怀小组强烈关注员工生活

（1）关注员工与家人关系如何。

清楚员工家庭成员组成；清楚员工家庭成员各自情况；摸清与员工关系情况；明确在一定诊断标准下员工的需求。

（2）员工自我关系考察。

根据尽可能收集到的信息，诊断员工自我关系。

（3）帮助员工建立和建设自我关系。

首先，在员工建立和建设自我关系前，要让员工与生活关怀小组建立关系。然后，在此基础上，帮助员工建立和谐关系。

7. 企业与员工关系重建的第一个基础目标是：员工与关怀小组建立良好的关系

企业五型化的第一个切入点是企业关系重建；企业关系第一个切入点是企业与员工关系重建；员工与企业关系重建的基础目标是员工与关怀小组的关系重建。

七、关系互建

企业关系在互建中发展，在互建中更新。任何关系，若不在互建中前进，就会在无为中趋于平庸。

1. 自我关系下建设他我关系

一切关系的基础是自我关系。如果没有自我关系和谐，就不会有其他关系的建设。自我关系是其他关系的基础和前提。

2. 显性契约关系下建设隐性契约关系

基础关系即显性契约关系。显性契约是隐性契约的基础；隐性契约在显性契约关系下，进一步得到建设。

3. 经济关系下建设文化关系

经济关系中伴随着文化关系，经济关系不可能摆脱文化关系，但问题是如何在被动的经济关系中主动接受文化关系。

八、多边关系建设

许多关系并不是双边的而是多边的。比如在企业与员工关系当中，实际上并不只在于企业与员工。对员工而言，缔造与企业关系时，还存在人生观、价值观的影响；而对企业而言，与员工的关系重塑，还存在文化方面的影响。

企业只有注重多边关系建设，即企业关系只有进行全方位缔造，企业才可能缔造双边关系。只有从整体上缔造企业关系，具体的企业关系才会得以成就。

第三章　企业生活

企业生活概念和理论的提出，本质上是对基于建设企业文化的目的和企业文化现状的批判。

就像企业管理从企业经营中独立出来成为一门学科一样，企业生活也有必要从企业行为中甚至是企业文化中独立出来，成为隶属于管理或战略管理的一个经典内容。企业生活的概念，过去并没有在我们管理视野中出现过。但是，在广义的五型化系列思维中，企业生活是存在的。

企业生活在管理学上的分门，其意义在于让企业了解在技术目标之外，还需要投入多少时间、热情、精力、思想及资源在文化视野下进行企业生存品质建设。这样的分门，或许可以使企业不再迷茫从而寻找到具体的通途路径。

企业生活把企业文化从泛文化中提纯出来，使企业文化在精神层面具象化，有利于企业导入普世价值观、着力体现企业文化，从而形成企业文化的个性，为早日迈入国际化企业行列作准备。

一、什么是企业生活

企业生活，就是与企业工作不构成显性契合的企业活动或行为。企业生活以企业行为的文化目的而存在。企业文化活动，比如，企业对员工的一切非正式访谈等。企业行为中与企业精神、道德、文化存在关联，但与企业日常经营行为不能形成关联的部分就属于企业生活行为。企业生活不是企业文化，企业文化是抽象化的，而企业生活是很具象的。

二、企业生活不是企业文化

企业文化是企业行为的一种刻意体现，在企业行为中主动性较强。而企业生活，不是企业行为的体现，而是一种企业人格化后企业生理和心理需求。企业文化体现时，行为方向向外；企业生活需求时，行为方向向内。企业文化多半体现于企业技术层面，而企业生活需求于企业非技术层面。

三、企业生活分类

1. 行为意义上的企业生活

行为意义上的企业生活指以企业名义发生的企业参与的集体化、社会化活动。如企业出钱参与的社会公益活动、企业向社会表达意见、企业联谊、各类商会活动等。行为意义上的企业生活，与活动意义上的企业生活形成对比。行为意义上的企业生活，多半由企业决策层以企业名义进行。企业行为则多半对外。

2. 活动意义上的企业生活

活动意义上的企业生活，多半是企业对内展开的。比如员工联谊、由企业组织的集体旅游、演讲、聚餐、例行探访员工家属（不包括新员工入职时的探访）、组织员工家属活动、各种制度性的集体休闲活动及由企业主导、由企业成员参与的激发员工兴趣的活动与行为。

四、企业生活作用

1. 培养企业目标多元化

单一的企业目标只是停留在物质层面，企业价值被大大削弱。企业没有达到社会化、公众化的目的。这样的企业，严格地说，不是现代意义的企业，是即将被淘汰的企业。这样的企业，不符合时代进步的要求，不能够彰显人性建设的功能，不能够体现现代文明。

2. 力求企业价值最大化

力求企业价值最大化，这是现代企业的特征，更是现代企业管理研究的课题。企业如果不对此加以重视，则必将一溃千里。

企业价值最大化，就是指企业在技术层面的成就或文化、精神、道德、普世价值观的维护和建设、理念等方面与物质层面的成就相匹配，并且在非物质层面的成就力求最大化。企业生活有利于企业非技术目标的成就达成。

3. 提高企业总体素质

企业生活需要提高企业总体素质，确定其建设人性的功能后，企业生活对企业素质的提高毋庸置疑。

4. 调节企业情绪

企业情绪是存在的，尽管不能细化地定义。但毫无疑问，在紧张的工作之外，以企业名义组织的活动有利于企业的情绪调节。

5. 力求企业更具实质性和现代性

企业生活使企业在达成多元目标后，企业素质、企业品质得以提高，企业生活变得丰富起来。企业将变得活跃、有激情。

6. 扩大员工自由性的培养、教育、表达

企业生活造就企业员工，并因造就企业员工而造就整个企业。

7. 企业文化品质的提高

企业生活也可以界定为企业文化的一部分，但企业生活与企业文化相比，具有其特征。因此，企业生活也可以提高企业文化品质。

8. 激发员工生活热情

企业生活无疑会影响员工的个人生活和家庭生活。企业生活呈现热情氛围，个体生活也必然感染这种热情，并转化为士气。

9. 活跃企业气氛

企业生活能够活跃企业气氛。有时候，企业生活营造的企业气氛存在于隐性状态中，但是其意义绝非在一个理性角度能够描述清楚的。

10. 企业生活的沟通功能

（1）和社会沟通。

企业行为，在成就企业自我的同时，也达到了与社会沟通的目的。在与社会沟通中，又丰富了企业生活。

（2）自我沟通。

企业生活，让企业与员工相互了解，并继而达到沟通的目的；企业生活，让员工与员工沟通；企业生活，让企业技术与文化沟通；企业生活，让理念与文化沟通。

（3）自我调和。

企业生活，让企业在集体层面进行反省，继而达到自我调和的目的。

五、以五型化视角确立企业生活认知与实行

1. 战术与战略重叠的管理内容

企业生活的文化本质和意义，决定其以战略手段管理、以战术方针

运作的特点。

2. 刻意创新企业生活

企业生活的管理，也要进行计划、实施、反省、改善。

3. 认知企业生活和企业文化的区别

对企业生活和企业文化认知并加以区别，不只在理念上是重要的，在实际运作时也非常重要。如果不站在一个高度加以认知，如果不能确认两者的区别，实施就无从谈起，功能也就不可能体现。

六、企业生活特征

1. 企业本能

人格化的企业生活，是企业成员作为生物必然存在的。

2. 企业需求

企业需要企业生活，除非企业本身忽视这样的需求。

3. 企业被动性接受

企业生活需求多半是被动的，即企业感到需求并为满足需求，才想办法获取。

七、企业生活现状

1. 认知或误知为企业文化

这种误知表现在不认为企业生活具有概念和行为上的个性特征；或者认为企业可忽略这样的特征，把所谓的企业生活归类到企业文化中；再或者，企业根本就没有思考过这一问题，只是凭着感觉，认为如果提到企业生活，在排除技术层面的内涵外，应当属于企业文化。

2. 不认可企业生活

认为企业根本就没有什么所谓的企业生活。

八、企业生活本质的批判性

企业生活，是在对企业现状和企业文化批判的基础上提出来的；企业生活，也是在对企业文化建设的基础上提出来的。

九、企业生活塑造

企业生活也存在阶段性。

1. 初级阶段

一种企业需求的表达和满足阶段。

2. 高级阶段

对基本需求进行塑造。在正确的理念引导下，度过正常健康的企业生活。

十、企业生活揭示企业生存品质

1. 企业肌体是否健康

即以企业生活揭示企业技术层面的发展现状。

2. 企业心理是否健康

即以企业生活揭示企业文化、理念现状。

十一、五型特征——企业生活

五型化具有许多特征，比如企业实质性认定、企业现代性认定、企业关系建设、战略战术化与战术战略化、管理重心下移至班组、企业文化的体现等。而五型化的另一个特征就是企业生活。没有企业生活的企业，不是五型化的企业。

第四章　三经建设实施之一：决策层

九个节点中，三纵六横，网状结构成就五型化企业。九个节点借助工作小组、管理工具、各种活动等，重新把成员网罗在一起，不仅完成企业生产目标，而且在消除等级观念、建设企业关系、接近普世价值观方面力求取得长足发展，从而使企业五型化和班组五型化。

一、决策层概述

在单一产权背景下，货币资本与人力资本在企业中的地位失衡，老板和职业经理人不可能有良好的合作环境，企业与员工关系的重塑也受到制约。但是，企业需要缔造，企业需要走向国际。于是，企业进行五型化变革，以期从文化、管理角度促使企业进行思考与获得进步。

在选择五型化作为企业变革方向时，企业决策层首先要进行一些思考。

五型化的企业管理重心下移，一旦被看成是战略管理的一部分，决策层被要求与班组达成直接管理者的角色，并具有班组长的某些技能，这样才能实现把中间层功能弱化的目的，真正实现企业管理重心下移到现场与班组。

在五型化中，决策层的五型化以达到企业全面五型化的本质，才是五型化的根本意义，而把现场当成是战略管理的一个手段，就是五型化的一个基本内容。一个决策者，不应当对班组管理望而生畏。一个力求避开现场管理的企业决策者，一定不是一个好的战略管理者。没有战术上的管理，就不会有战略上的管理。

在技能方面，决策者要对班组长所持有的基本知识和技能如6S、生产工艺流程、OJT 、IE 七手法、QC 七手法、三检体系、QC 小组活动、提案活动、80:20 原理、如何带好员工、一日清管理、PDCA 循环等熟稔于胸。

1. 为什么首先要在决策层进行五型化

（1）五型化有关企业本质的转变。

（2）五型化的根本是企业内关系的重塑和再建，是企业外关系的重新定位。

（3）五型化是在企业具有正确理念、普世价值观念、个性文化、企业未来设想的基础上建设并促进企业进步的一种要求。这种要求，是以文化、管理、关系为对象进行建树的过程。五型化是一种价值观念的重建、责任的重建、企业素质推进的行为。或者说，五型化是一种对企业价值观、企业责任、企业素质的重新建设。因此，企业决策层必然是企业五型化的核心与关键。

（4）五型化不是班组的事而是企业的事。班组如果主宰了企业，那就是本末倒置了。把五型化任务下达给班组，是一件非常无知和可笑的事。决策层如果不亲自主导五型化全过程（实际没有全过程这个概念，因为有关企业生存的过程，都将成为企业五型化的过程），必将导致五型化失败。

（5）五型化首先不是员工的事而是决策层的事。员工担负企业五型化任务的前提是决策者的五型化。五型化企业关系重建和五型化计划、执行、反省、改善都在于决策层。

2. 决策层五型化第一步：自我诊断

决策层应当在自我诊断中，认识企业五型化及五型班组，并且以正确的认知保障五型化企业能达到五型化的真正目标。如果企业漠视对上层建筑的思考，只把对企业的生存与企业目标的思考停留在物质、技术、经济层面，那么五型化本身对企业并没有什么真正作用。而这类企业，也并不是五型化的目标对象。

自我诊断问题包括：

（1）什么是企业的经营目的与目标？

（2）什么是企业的经营理念？

（3）企业如何解释经营与理念的关系？

（4）对企业理念与企业经营关系的个人理解。

（5）什么是正确的理念，是我的理念还是愿意参照别人的理念？

（6）自己的人生价值观与企业理念、企业经营的关系描述。

（7）自己与员工的关系描述。

（8）自己与企业的关系描述。

（9）员工与企业的关系描述。

（10）什么是企业价值？

（11）与世界大企业理念的对照。

（12）能否对企业进行个性特征描述？

（13）主动担负过多少员工责任、社会责任？

（14）什么是企业关系？如何界定企业关系？

（15）企业是否具有现代性与实质性？

（16）战略关系与战术关系的企业转变。

（17）试述企业未来。

3. 自我五型化

决策者个人：

（1）真正认知五型化并认可五型化是企业真正做大做强的唯一途径。

（2）认清企业现状，并立志依靠企业文化的内驱力使企业发生质变。

（3）认清自我人生目标并把个人目标与企业目标糅合在一起。

（4）寻找其他企业目标并把它作为自己企业的标杆。

（5）不要利用文化，也不要创造文化，甚至也不要谈论文化，而是要体现文化；从做一个好老板做起，真诚做人，以行为关怀员工、关怀周围，渐渐在企业内建立公平公正的制度。

（6）自己丰富五型化内涵，借以形成个性化企业。

（7）对自己实行自主管理，在言语、行为上高度约束自己；在自己企业内先谦卑下来；制订学习计划，学习内容要广泛；在细化管理的同时，要警惕管理层过分细化和对人性的机械化意图倾向；慎重使用各种管理工具，坚信文化是一切管理工具的基础，尊重人性是认识管理的前提。

决策者针对企业的思想：

（1）在企业内建立符合现代价值观的信仰。

（2）带领员工承担责任与义务。决策层对员工承担责任，员工对员工承担责任，员工对企业承担责任，企业对社会承担责任，企业对客户承担责任。在责任之外，还要培养企业所有成员愿意承担义务的心态。

（3）在前进的路上不要想象你的敌人。

（4）思考创造企业价值的同时，优先思考创造员工的价值。即集体价值要落后于个人价值。

（5）从修复企业关系和建立企业生活做起。

二、决策层对五型化方法的认知

五型化，必须是企业内容全部的五型化。企业内容是指企业内所有影响企业五型化的事物、因素，包括文化的、精神的与物质的。

1. 人的五型化

人的五型化，是企业五型化的主要内容和创建五型班组战略目标的基础，亦即在物质层面的五型化前，要先进行人的精神、理念及思想方面的五型化，以期形成一致的符合企业五型化要求的基础条件和关键前提。

2. 企业价值观、企业理念的五型化

在工作方法与技术等五型化中，如果没有企业精神、文化层面的五型化作为先决条件，五型化就会成为表演，流于形式。只有企业精神层面五型化了，才能真正达到物质层面的五型化。

3. 企业习惯五型化

思维习惯、工作习惯、生活习惯的五型化。这三大习惯的修养，是五型化的初步成果和基础成果。这里所言的生活习惯，并不脱离企业而被看作是个人的事。

4. 企业思维五型化

思维五型化是率先要进行的一件事，即首先要在思想上弄清楚五型化是什么，为什么企业要实行五型化。只有思维五型化后，企业五型化计划才能最终成为行为。思维五型化不只是五型化的开始，也是五型化的最终，并且也是五型化中伴随企业存在的一个永不止息的过程。

企业思维与个人思维不同。企业思维是指站在企业角度以企业利益、目标、习惯、思想方式进行的思维活动。

5. 组织五型化

组织五型化是指组织思维与组织行为的五型化。个体的思维、行为与组织的思维、行为不一样的地方就是组织具有五型化辨认特征。另外，组织五型化也是企业组织结构和组织结构思想适应五型化的表现。比如，提升班组在企业内的地位，削弱中间层、决策层，直接领导一线班组等。

6. 制度五型化

（1）制度适应五型化思想。

一些不具有五型化思想的制度，比如惩戒性制度、维护企业本身利益并与员工利益产生不可避免的冲突的制度等，必须适应企业五型化建设的发展。

（2）制度体现五型化思想。

任何制度必须体现五型化思想。这里重点突出的是任何制度在根本上不只适应并且要在制定时力求以五型化的最终目标为制定初衷。

（3）制度建设促进五型化思想。

要以制度的功能或结果来检验制度的适当性与可用性。

（4）制度建设五型化行为。

制度不只是为了在思想方面进行五型化，而是让企业思维、组织思维、员工思维体现普世价值观并融入真正大企业思维与行为体系，更重要的是考查制度的个体适宜性与效果。即在企业行为上，五型化制度必须在行为上经过检验是正确的，不只是关注到企业精神层面，同时也要达到企业物质层面的要求。

（5）制度建设五型化制度本身。

制度本身的五型化修养。研究制度本身，包括制度在企业的存在、功能，制度制定的方法、目标、接受认可程度以及制度数量、制度本身的兼容性与企业价值观、理念的冲突等。

7. 管理五型化

管理的本质就是文化，但可悲的是许多人错误地认为管理最容易，因而在管理过程中急功近利或知难而退，轻易就令管理脱离文化本质而单一地把企业本质商业化了，把企业行为粗暴地变成了一桩临时性的无情的买卖。

管理五型化，是指物质层面的五型化与精神层面的五型化平衡发展。

三、决策层在再建企业关系中的作用

1. 前提作用

认知才能实施，正确认知才能正确实施。正确的初衷、正确的过程，才能导出正确的结果。

中国企业的弊端不在于管理，其实在于文化，在于企业内不认为批判世俗文化是建设企业文化的基础和方法。因此，五型化必然是在决策层作出正确认知后，并在决策层亲力亲为下才能成就的。

2. 导航作用

决策层的亲力亲为，防止五型化工具化、功利化、班组化、量化。

文化不能役使，文化不能被量化考核，文化就是文化。文化真实存在，介于显性与隐性之中。

3. 战略指挥作用

正所谓“居于上而纵横捭阖”，用战略眼光，前知历史，后测未来。

第五章　三经建设实施之二：员工

人力的资源，是企业主要资源。提高和促进人才的素质与进步，是企业最重要的目标。企业的根本意义在于利用初级目标，达成高级目标，即利用经济目标，达成企业文化目标。因此，初级目标或经济目标，对于高级目标或终极目标而言只是手段。

企业是人的企业，而不是经济的企业；企业是社会的企业，是企业内所有成员的企业，而不只是企业主一个人的企业。只有是社会的企业，只有是所有企业成员的企业，企业才有可能被社会和所有企业成员接纳，才是真正的企业、能够做大做强的企业。

认知决定一切。企业也可以被企业主认为是一个人的企业，但不可避免的是，当企业主这样认为时，就开始了一个人的企业历程，企业其后出现的所有困境与艰难，莫不与“一个人的企业”认知相关联，也莫不与企业主相关联，而与员工和社会关系却不大。企业如果能够认清楚这一点，对员工的人性塑造和员工的企业最高目标性就很好理解了，对于三经建设中，员工成为企业五型化最重要的目标也就释然了。

一、员工选择

员工即企业，员工的自我塑造，即企业的自我塑造。员工的成就，即企业的成就。一个看重企业自身而对员工置若罔闻的企业，是一个不知所谓的企业。员工的成就，不仅是员工自身的成就，而且也能带来企业成就，其本质就是五型化企业目标的重要的一部分。

1. 五型化选择员工更重要

（1）从人际关系上看品格：不结乡党，独来独往者往往有道德。

（2）从生活上看品格：忠实于配偶。

（3）从工作上看品格：勇于吃苦，不举怨言。

（4）从性格上看品格：不多言、不传闲言碎语。

（5）从冲突上看品格：容易查找自身缺点、善于反省。

（6）从学习上看品格：有上进心，专注于自身修为，有正确审美观、价值观。

（7）从孝道上看品格：看其人素质有无进步的可能。

（8）从利益上看品格：出于自尊而争利，并不像小人一样，出于利益本身而争利。

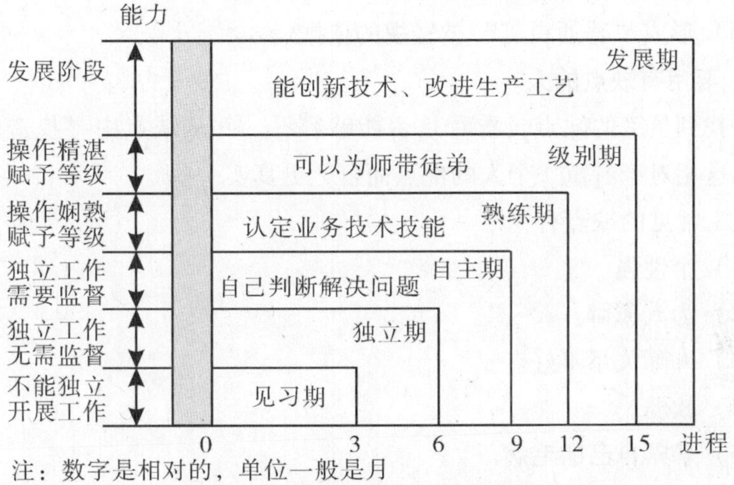

图5－1　员工能力与资质分析图

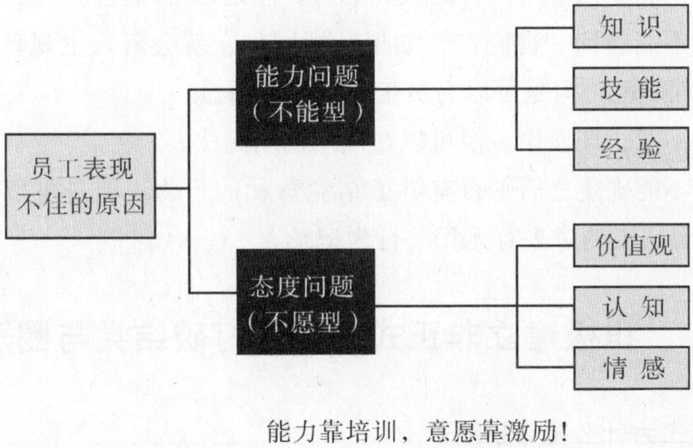

图5－2　员工表现不佳的原因

2. 不要把一技之能当成选择员工的首要条件

若如此，则可能导致以下后果：

（1）会形成企业内的等级制度。

（2）制造不平等。

（3）助长技术员工的优越感。

（4）破坏五型企业文化氛围。

（5）错误表达企业价值观。

（6）形成“普通员工”被轻视的依据。

3. 要用有缺点的人

寻找到员工的缺点，看看是否能够容忍，并从缺点中寻找造就的可能性。这相对于看重一个人的优点而言，更真实一些。

员工常见的缺点有：

（1）个性强。

（2）为人孤僻。

（3）人际关系不好。

（4）软弱。

（5）暴露自己的毛病。

（6）远离上级。

4. 避开地域风气太坏地区的员工

（1）不能单独对某一省的人关上门。但是，可以提高门槛。

（2）不能做到一视同仁，如果一视同仁，就会落入主观教条，就会失去预见性防范，但是可以为员工出门放低门槛。

（3）不能长期雇用，但可以在试用期间淘汰。

（4）不能确定之后是否有员工结党营私的行为，但是可以建立员工档案，看看员工的过去有无相关行为记录。

二、积极建立非正式组织以打破结党与圈子

1. 员工为什么要寻找圈子

企业员工往往会形成明显的人际关系圈子，这样的圈子暴力倾向很明显。这样的圈子有以下功能：

（1）结党在员工间行使暴力。

（2）结党在企业中谋取利益，包括拉拢企业上层领导做保护伞。

（3）怠工。

（4）称霸一方，危害当地社会。最初员工普遍是因存在心理恐惧而寻找圈子保护，比如受到失业、暴力威胁。但是，久而久之，员工在没有受到上述威胁时，为了缓解心理压力，也会预见性地加入圈子。

（5）有圈子，就会在企业形成新的价值观和审美观，至此，圈子不只是自卫或是寻求自我满足了，而是形成一个准组织结构，在精神层面寻找压迫对象、宣泄自我对现状的不满、向周围表达暴力能力，以达到获取精神与物质双重利益的目的。

2. 圈子文化背景和巨大破坏力

圈子巨大破坏力的根源是社会文化不良，又因企业文化不好，继而在企业进行加工后向外表达自我的、歪曲了的价值观。这样的问题，实际上存在了很久，只不过没引起人们的注意。社会把问题带给企业，企业又把问题转嫁给社会，或让暴力最后演变成事件，却被有意地归类淡化了。企业有责任解决发生于企业内的问题，并在萌芽状态就将其解决。

3. 以非正式组织破解圈子的负面影响

（1）满足人性交际需求。

（2）感到企业内的公平和对企业内公正存在信心。

（3）树立正确的价值观、审美观，在企业培养员工的时候，员工也进行自我建设，从而杜绝戕害人性的事件发生。

企业五型化建设，说到底是企业以人性建设为主要目标的建设，表现为工作方法的创新、学习愿望的实现、人生信念的确立、生活态度的培养、人际关系的重塑和修复等。因此，员工的素质培养在五型化建设中是重点。

4. 员工的自我评价

在企业五型化与五型班组建设中，企业要帮助员工自我提升。而在自我提升之前，必须进行自我评价。企业也必须确认员工的自我评价、自我提升的准确度和能力，从而在发现问题、成就员工之后，从根本上成就五型化企业。

员工的自我评价包括：

（1）在工作中，什么事情或什么因素会破坏你良好的工作情绪？

（2）在工作环境与生活环境中，周围的人对你的评价是否一致？若不一致，你认为哪一种更接近事实？

（3）你是否具有自己明确的信念或理想？你是否渴望周围的人与你存在同样的信念或理想？你是否具有倾诉的愿望？你是否需要周围的人认同你的信念或理想？

（4）如果你突然拥有很多钱财，你是否会放弃目前的工作而作另外的打算？

（5）你是否打算和工作中的某一位同事或上司做朋友？

（6）你是否为企业拿到一个大的订单而兴奋，是否会把这样的好心情与工作同伴或家人分享呢？

（7）是否想过要写一封信给企业的决策层？里面是不是存在建议和自己对这封信的回馈希望？

5. 基于责任而不是恐惧的危机感

企业要让员工有危机意识，因为企业本身存在危机。但是，企业绝对不要让员工觉得有被裁员的个人危机。如果一个员工感到即将或可能被裁掉，是不可能做出优秀的创新成果和存在负责任的工作态度的。但是，企业的确存在危机，那么员工如何接受合理的危机，从而分担危机，在危机中建设自我，共同化解它呢？

（1）制度促使其站在企业角度认识危机。

五型班组建设的制度根本就在于建设人性，而建设人性中很重要的一条就是要承担责任。一个承担责任的员工，就是一个学习的员工、得到益处的员工、发现新问题的员工。制度促进员工思考、培养员工思考的能力。而且员工负责任地思考的表现，就在于首先想到的是企业利益，然后才是个人利益。

制度要令员工关注企业危机，就必先令员工关注企业战略、思考企业战略。长期关注战略，便会获得企业危机意识。剥夺了员工关注企业战略的权利，同时也就剥夺了员工对企业危机意识的认识权利，从而也就减少了员工融入企业的机会和替企业承担责任的机会。

五型化的另一个特征，就是战术战略化与战略战术化管理与思考。这样的管理与思考，就是令员工一反传统管理中远离企业战略的思考现状，而走进战略思考，让员工既感受到企业的成就，也真实感受到企业的危机，让员工真正成为企业的一分子，让企业主从一个人的企业困境中摆脱出来，让企业国际化。

（2）制度促使其站在自我角度认识危机。

一个认识危机的五型化员工，其认识角度是在危机中，所以必然会寻找到自我应对危机的视角与方法——做好自己分内的事，以自己的能力、岗位参与到企业危机的化解中来。

（3）素质促使其把企业危机认知转化成自我危机认知。

如果制度使员工做到认识危机了，接下来所要做的就是如何把企业危机转化为员工个人的危机。这个时候，制度显然力不能及。此时，关键就在于五型化的结果，即以员工素质、责任把企业危机通过自我能力与认知转换成企业所有成员的危机。

（4）素质、文化、学习促使其主动接受危机挑战并参与到危机管理中来。

参与到企业危机的化解过程是需要能力的。而员工自身拥有的能力、素质、文化、学习精神，决定员工对待危机的态度是消极对抗还是主动化解。

6. 自我时间管理

员工追求自我进步，必须学会自我时间管理。时间就是生命，时间就是学习，时间就是进步。时间的巧妙安排与应用，让人提升素质并学会进步。

时间有以下敌人：

（1）寻找物品。

（2）生活闲暇时间不懂得利用。

（3）时间安排不合理，劳逸不均。

（4）学习时间不能固定。

（5）会议、报告不作事先准备。

（6）对事情等待。

（7）个人没有计划或不习惯计划、计划不好或有计划但执行力差。

（8）不懂得拒绝别人。

（9）不会理财或在财务方面不能建立起可靠的原则。

（10）影响个人进步和正当人际关系的不良交际。

解决办法：

（1）交好的朋友，把朋友作为自己的标杆。

（2）把自己交给书本，让读书先占用时间和情绪。

（3）少说话，多做事。

（4）学会对任何事进行计划；学会在任何计划中，都要明确时间；学会有计划就一定要执行，而一切执行过的事，都要进行检查，然后得出结论和修正措施。

（5）固定做个人进步笔记。

（6）学会把工作与生活分开，把自己的情绪与别人分开。

（7）管理感情，减少不必要的支出，包括时间的支出；管理语言，减少祸害，节约时间；管理情绪，不要让自己脱离时间而浪费时间；管理行为，选择事情，就是选择了拥有时间。

（8）约束自己的不正当欲望。把不好的欲望记下来，当成缺点改进。

7. 如何面对批评

对待批评本身，要区分恶意与善意，这是接受与反驳批评的基础和前提。不管是来自上级的还是下级的还是同事的，有错，就勇于认错；没有错，要敢于说清楚。不能像某些人倡导的，对于批评照单全收。对批评，不能委屈别人，也不能委屈自己，更不能委屈真理。一生要做一个维护真理、正义的人。

（1）对上司的批评如何面对。

一般而言，上司批评别人的时候，问题多是出在被批评者。因此，对于五型班组创建中的员工而言，来自于上司的批评，一般不论对错，都应当承受。但承受不等于接受。要在适当的场合下，以较婉转的方式申辩清楚。来自上司的批评，一般也不会接二连三。善意的、疏忽的批评，一般当面默忍就是了。但对于一些例外，如恶意批评等，则要据理力争，敢于把冲突明朗化。真正的五型化企业，不会容忍恶意批评的，如果事情确实如此，那么作恶者也不能长久地保住管理者的位置。在接受上级批评时，秉着不卑不亢的心态。

作为五型化企业，要教导员工怎样应对上级的批评。五型化企业甚至要教导员工打破等级观念，努力取得企业内所有员工的人格平等地位。此外，还可以告诉员工怎样检举上司的恶意批评，要使这种问题的解决方式制度化。

（2）对同事的批评如何面对。

对于同事的批评，应当与对待上级的批评不同。不论其批判内容是什么，其内容都当以隐私对待，都不适宜在公开场合下进行讨论。同事的批评具有一定的伤害性，要提出选择合适地点的要求。如果来自于同事的批评具有恶意，比如故意选择人多的地方，那么可以先抗议这种批评手段，并直言要求其选择私下的方式，否则，直接告诉对方你不接受这样的批评方式。

（3）对工作上的批评如何面对。

工作上的批评，多半显得冠冕堂皇。对于正式的、有准备的批评，可以思考其批评的内容。但对于非正式的、很随便的批评，如果排除了批评本身的必要性，则可以采取理智的拒绝态度。

（4）对来自私人的恶意批评如何面对。

可以当面拒绝后，再找其进行交流。或反过来给对方做思想工作，让他认识到这种批评是一件很失礼的事。

（5）对来自当面的批评如何对待。

不要急于承认错误，除对内容尽快做出反应外，看这样的场合是否给自己带来不良影响。如果是，则阻止这样的批评，进行反批评。

（6）对于背后批评如何对待。

首先要学会忍耐，并寻找机会进行沟通。对于背后的批评，要明白对方先表达了一定的诚意，而对待诚意，我们可以先采取接受的态度。

（7）回应批评应当区分环境与场合。

说话要看环境。出言慎重，但一旦发声，就要有理、有据、有节，就要把话说完整。要么不说，要说就要说清楚，但选择说，并不意味着可以多说。

（8）回避批评不如回避想批评别人的人。

对于恶意批评的人，采取回避态度。适当的远离，也是一种沟通方式。不恰当地靠近对方，对对方的行为不作任何回应，也许对方根本就不会认识到你的感受和他对你的伤害。批评是一种强制性沟通、一种破坏性治疗。批评的本质，有可能是出于爱，但也有可能出于恨。

8. 如何自我塑造

理论上的自我塑造：

（1）人生目标、理念。

五型化中，企业必须关注员工的人生目标、意义和生活理念、信念、方法。

（2）人生计划。

一个人如果没有计划，那是一件非常可怕的事。就像一个人在路上行走，却没有方向和目的地一样。这样的行进，等于原地踏步，甚至比原地踏步更可怕。

（3）工作计划。

如果一个员工在企业中不存在个人的工作计划，要么是个人出现了很严重的问题，要么就是对企业完全没有信心。

（4）生活计划。

企业在关注员工的领域不可以只选择与工作相关的部分。没有生活，就没有工作。

（5）感情计划。

人是情感动物，如果企业希望员工好好在企业工作，那么就要了解员工的感情计划。要通过各种广泛的非正式交谈，加强沟通、学会沟通。

企业要与员工同时进步。不可能出现一个强大的企业，却存在一批不强大的员工。

（6）职业规划。

一个有理想的人，需要对自己这一生要做些什么进行思考。员工的职业规划哪怕与企业有冲突，也不要回避。帮助员工就是帮助企业自己。

（7）目标设定与执行、检查、改善。

员工会有许多计划，企业计划与个人计划是联系在一起的。企业应当教导员工分阶段、分领域设定目标。

也许有些员工没有明确目标，即使员工没有任何计划与目标，执行也是一种必然现象。当自己不主动为自己的目标行动的时候，实际上我们就被动地为别人的计划与目标在行动。要教导员工把目标自我化，并把目标企业化和社会化。反复把目标融合，把单纯的目标系统化，并把目标由物质层面升格到精神层面。

行为上的自我塑造：

（1）工作上的自我塑造。

简单地要求员工把工作当成是一件快乐的事，这样的说教显然并不可靠，甚至看起来有些荒唐和令人厌恶。工作就是付出，就是负担，工作就是责任，凭一句简单的说教，很难让员工信服。但是，如果企业以行动来努力提高员工素质、改善工作环境、丰富员工的生活内容，那么这远比简单的灌输式说教强一百倍。

（2）学习中的自我塑造。

任何时候都不要放弃学习。这里的学习，是指有计划、有目的、符合自己兴趣爱好的学习。不只是倡导学习的初衷，还要注重学习的方法和结果。只有良好的学习计划、正确的学习目的、符合个人兴趣爱好的学习，才能达到塑造自我的效果。

（3）交际中的自我塑造。

人有着交际的愿望。相对于人们的学习而言，交际需要更大的精力、智慧。首先，要选择交际的人；第二，要选择交际的圈子；第三，要学习在交际中保持适当的距离；第四，明白人性之恶而不是人之初性本善。交际是要在不信任中建立信任，而不是在信任中产生不信任。交际的思想基础和起点是批判而不是接受。在个人的人际关系上所持有的交际的基础思想，与企业在批判社会文化和世俗文化基础上建设的企业文化是一个道理。

（4）习惯上的自我塑造。

人不可能避免习惯。人要么有好的习惯，要么有不好的习惯。员工应当从习惯上塑造自我。

（5）责任上的自我塑造。

一个没有责任心的人，人们普遍认为他是一个自私的人。但实际上，并不一定是这样。责任的承担有时候也是一种习惯问题。

（6）技术上的自我塑造。

企业要培养员工做多能工，让员工掌握更多的技能。技能不仅能够塑造员工，而且能够影响一个人的一生。掌握技能是被人尊重的前提，是员工自信的前提，也是员工获得满意的交际结果的前提。有些人认为，员工从企业获得技能，就会导致人才流失，实际上可能恰恰相反。

（7）语言表达上的自我塑造。

企业要锻炼员工的口头表达能力。正确适当的口头表达，能让员工缓解压力、获得自信，也能让员工满足于语言表达的本能需求。

（8）情感的自我塑造。

人是情感动物，人有更高层面的情感需求。爱情、友情、亲情缺一不可。情感缺失的人，一生难以获得成就，也难以在企业中成为一个对企业满意的员工。情感塑造员工，情感也塑造企业。前面说到的企业关系，多数是以情感出发而不是以商业为由的关系塑造。

（9）孝道的自我塑造。

“百善孝当先”，如果员工不是一个孝顺的人，那么在交际中，与之交际的人一定会对之产生警惕。孝道，是塑造人完整人格的基础和根本。孝道与信仰紧密相关，而信仰又与道德紧密相关。一个人如果连基本的孝道都没有，这个人的自我塑造也将出现问题。

9. 以企业主导的员工五型化措施

（1）推行自主管理。

（2）重新审核现行制度的合理性，把存在冲突但有利于企业利益的条款修改为向员工的利益倾斜。

（3）把企业非正式交谈制度化。

（4）把福利作为普遍性政策性措施加以实施。

（5）关注员工生活、学习、工作技能。

（6）在人性化管理思想下最大限度稳定员工队伍。

（7）均衡地以理性与感性考察员工道德并把害群之马坚决清除。

（8）率先树立企业对社会的责任与义务，然后引导员工承担起责任和义务。

（9）以现代文化思想培育员工思想。

（10）决策层与员工定期进行生活互动、工作互动。

10. 员工激励

激励，在传统的企业管理中，似乎是一种手段。在五型化企业中，它不应被看作是一种手段，也不应成为一种手段。激励的目的，在传统的企业管理中，似乎是诱使员工尽快实现目标。但在五型化中，激励不是目标，而是一个伴随着企业存在的过程。在五型化中，激励是企业或决策者尝试对员工表达善意的一种方式。激励不仅仅是一种企业与员工沟通的方式，并且也是常用的沟通方式，是一种企业关系重建的手段。

班组长必须知道激励的本质，然后才能应用好激励。

（1）对员工的需求激励（内源性激励）。

表5-1　对员工的需求激励策略

ERG模式	需要层次理论	企业的激励策略
发　展（Growth）	自我实现需要	提供成长机会
		鼓励员工创新
		鼓励做出成就
	尊重需要	公开个人成就
		赞扬良好表现
		赋予工作职权
关　怀（Relatedness）	归属需要	开展社交活动
		工作的丰富化
		员工参与管理
存　在（Existence）	安全需要	安全的工作环境
		优良的福利条件
		职业的安全感
	生理需要	提供合理的工资
		足够的休息时间
		舒适的工作环境

（2）外源性激励技巧和方法。

情感激励法，发自内心地尊重关心员工；

荣誉激励法，给员工一个响亮的好头衔；

兴趣激励法，恰当的定位是活力的源泉；

竞争激励法，营造你追我赶的工作氛围；

末位淘汰法，勇于向能力低下者亮红牌；

榜样激励法，榜样的力量是无穷无尽的；

目标激励法，有宏伟的目标才有高激情；

后院激励法，给员工家属一份感动感谢。

（3）工作方法激励。

图5－3　工作方法激励示意图

（4）现场激励。

现场激励与通常所说的激励有所不同。现场激励针对的是现场行为，因此目的更加明确、方法更加简单有效。

①通过现场的可视化，使工作流程、技能获得、奋斗目标等一目了然。

②通过工作流程的标准化与“防呆法”，使没有经验的员工都能顺利完成工作。

③通过样板生产线水平公开、展示改善计划与改善结果，耐心等待员工的理解。

在现场激励中，我们可以清楚地看到，激励实际上就是企业尽可能多地为员工着想，努力创造一个能够有益于员工和企业共同利益的过程。可见，激励是企业与员工关系的缔造行为。

11. 非正式访谈

员工应当享有非正式访谈的权利。

非正式访谈，即与工作没有直接关系的上下级谈心活动。非正式访谈会促进管理与被管理者关系。

非正式访谈需注意：

（1）不谈工作。

（2）不谈员工不愿意涉及的话题。

（3）访谈之前要做足功课。第一，要在充分了解员工思想的前因后果的情况下谈；第二，要了解谈的方法是否合适。在了解员工思想方面的问题后以关心的心态、方式，在合适的场合、合适的时间进行交谈。

（4）要有心理准备才谈，否则宁愿不谈。非正式访谈，谈话者首先要怀有严肃认真的心态。要明白一席谈话甚至是一句话就可以改变一个人一生的道理。要让人获益，不要让人获罪。

（5）谈话的时间不要超过半个小时。

（6）在谈之前，要预测这次谈话的成果。如果是没有成果的非正式访谈，宁愿不谈。在交谈中，因势随时调整交谈方式，甚至主题、内容。

（7）在发现异常情况时，要立即终止交谈。

12. 五型化员工应当达到的职业人标准

（1）职业生涯规划。

一名优秀的员工，要具有工作上的系统性思维，会想着昨天是如何做的，今天是如何做的，明天将要如何做。会应用“戴明环”进行工作上的自我改善并形成工作上的良好习惯。

（2）高效的执行力。

高效的执行力，伴随着对指示的理解。如果没有在思想上理解、认同上级的指令，是不可能产生高效的执行力的。

（3）团队知识。

率领一个团队，并不像自己一个来得容易。对于班组长，得知道两件事：第一是知道组员在想什么；第二是知道他们在做什么。

（4）有效的沟通技巧。

沟通的奥妙，其实在于一个“诚”字。

（5）高效的时间管理。

明白责任所在，时间管理才会见到成效。没有责任，就没有时间的概念，没有时间的概念，就很难进行时间管理。时间就是生命，时间就是一切，时间管理，要在其他项目之后。把抽象的时间转化为具象的事物时，时间管理才真正开始。

（6）人际交往技巧。

人际关系，其实没有任何技巧。当人不能做到难度很高的诚实以对的时候，人们便创造出了交际的障眼法——技巧。但只有诚实交流，站在对方的立场看问题、想问题时，才能很好地沟通。单向的灌输，从来就与真正的沟通相去甚远。

（7）职业礼仪礼节。

所有职业礼仪出现的原则是要让人感到真实与尊敬、信任与需要。诚如其他班组长所具备的技能一样，任何一点，都可以带动全面进步。

（8）积极的心态。

心态不正，万事皆休。其实也不只对班组长存在这样的要求，即使一个普通的员工，也应当抱着积极进取的心态。

（9）企业认同感。

企业认同感，必须是在普遍性中寻找偶然性，即无论是企业还是员工，都要贴近普世价值观，然后，让双方因为不同的个性或特征再选择对方。如果企业理念、文化、精神中没有普世价值观的体现，企业认同感就是一句空话。如果企业没有个性与特征，这种结合也很难成功。

13. 员工工作行为特征

以员工自主管理为班组管理的基本特征包括：

（1）作业标准化与标准化作业。

员工主观上愿意遵守标准。员工渴望在标准化下进行工作，员工愿意在标准化下生产高质量的产品。员工可以从标准化作业中获得尊严和自豪感。

（2）员工自主改善能力和改善的意愿突出。

（3）员工谙熟 KRA 法 、ORA 法 、OEC 法。

（4）班组骨干成员达到“四会”，即“会技术、会操作、会编程、会教导”。

（5）班组特征化。

即员工普遍拥有多种技能，员工自主管理水平高、自我管理能力强，班组内围绕创新行为形成各种创造小圈子、思想交流小组等创新学习小组等，创新活动多。每组成员，并不就事论事，班组成员关注效益并获益于这样的关注。班组内，人际关系在公平的氛围中呈现互相关爱，彼此间不仅仅是工作关系，还有学习关系、生活上的关系。在班组特征化中，当然还包括学习，即班组成员爱学习也是这个班组的一个明显特征。此外，也存在一些其他特征能够让人识别和辨认。

第六章　三经建设实施之三：班组

班组作为组织，在与企业比较中，其特征在于企业的文化属性。故班组五型化建设是适应企业五型化建设的大纲，而不是替代企业的战略性任务。

班组具有很大程度上的企业实质代表性，实际上，在五型化中班组就是班组，并且班组只是班组。在五型化中，班组发挥的就是桥梁作用，是一个企业为了达到企业五型化而借重的通道。班组成为一个通道后，所通过的主体是企业的人，包括企业中非班组人员的中层管理人员甚至是决策者自己。

一、班组的通道作用

班组所起的是桥梁作用。

班组成就企业五型化，班组也成就企业关系。企业理念、战略通过班组而化为企业行为、企业实践，从而成就企业关系，最终成就企业五型化和班组五型化。但班组只不过是桥梁，它不能代替企业完成整个企业五型化。企业对五型化的认知与执行不当造成了很大的误会：把班组桥梁作用误解为五型化的终极目标；把企业五型化误解为班组五型化，把五型化误解为狭义五型化；把战略误解为战术，致使企业将企业目标作为班组目标，将企业操作作为班组操作。

二、企业所有成员成为通道的主体

企业所有成员都要经过班组的通道，包括企业的中高层管理人员。班组之外的管理人员班组化，是指管理者与非生产人员去到现场、关注现场、应用到现场，通过现场参与，最终成就自己也成就企业。

企业所有人员包括决策层自身，不仅在与班组关系修复中建立了一种新型的企业关系，而且通过一线人员的五型化完成了自身的五型化改造。并以此作为开端，组建起自己的班组，搭建自己的桥梁。

（1）班组通道提供的组织形态启示和五型化的内容直接服务于班组成员。

（2）班组通道提供的组织形态启示和五型化的内容间接服务于非生产人员。

（3）班组通道提供的组织形态启示和五型化的内容间接服务于中高层管理人员和决策层。

（4）班组通道提供的组织形态启示和五型化的内容直接反映给所有成员并在所有成员间互动、互建。

三、此岸是企业现状，彼岸是企业价值观、企业理念

企业此岸，是不具有国际性的不良企业现状；企业彼岸，是普世价值观主导下的价值体系与行为共生的优良的生产方式；中间，隔着班组这座桥梁。当代企业必须通过这座桥梁，把旧的、落后的企业生产方式从旧文化、旧理念、旧传统中引渡到彼岸，令企业成为新型化、现代性企业。

企业必须由此岸进入彼岸，而且必须首先通过企业最重要的单元——班组进入五型化。

四、班组五型化是企业五型化的条件

班组五型化是企业五型化的条件，企业五型化是班组五型化的目标。

五型化是企业的五型化而不仅是班组的五型化。如果没有来自企业的五型化，根本就没有班组的五型化；没有人的五型化，根本就没有组织的五型化。五型化班组，是企业五型化的代称，或者说是指在企业五型化中，运用班组通过企业、企业使用班组的方法，令企业达成班组五型化的目标。

五型化，首先针对的是所有企业成员，包括所有企业内组织的五型化、企业所有内容的五型化。在这样的认知角度下，企业才能真正达到五型化，进而班组才能真正达到五型化。

班组与企业，互为肢体，难以分割。不能只注重班组的五型化建设而放弃或忽略企业整体的五型化建设，企业是班组的母体，不可能只通

过班组五型化建设就可真正实现企业五型化。在企业内也不能只是策划班组五型化，而不实行决策层和非生产单位的全面五型化，这实际上是根本不可能的事。

班组五型化，必然是以整个企业五型化作为前提并且作为整体计划的一部分而存在。不可能也不应当把班组分离出来，策划一场五型化改革。

第七章　六纬建设实施之一：企业关系

六纬依次是企业关系、制度、理念、文化、技术、班组长。六纬与三经，共同编织企业五型化管理之网。三经是五型之骨，六纬是五型之血肉。三经为纲，六纬为目。

一、以决策者参与班组建设来修复员工与决策者关系

未来的企业中将存在：

（1）认知管理本质就是文化。

（2）认知现代管理就是班组管理。

（3）认知员工成就，其实是决策者自身价值体现和企业价值的最大体现与根本体现。

①以成就员工为目标来参与社会活动。

②以普世价值体现实现自我价值创造。

③以员工成就体现企业社会性成就的本质。

④以员工成就体现企业的社会成就。

⑤员工成就是企业参与社会的一个主要部分。

⑥员工成就是企业成就的一种体现。

二、以决策者个人成就来修复决策者与企业关系

1. 学习

这里主要指一种人生态度，即人生不停止学习的态度。此外，也指学习的精神，如向员工学习。

2. 认知

认知企业，认知自己。企业不是自己，企业个性不是决策者自我的个性，企业尊严也不是决策者个人的尊严。决策者一定要避免将企业成就误解为个人成就，企业成就并不是个人事业的成就。

决策者能够在与企业的互相尊重中区别两者的不同，两者才能够很好

地相处。如果将两者混为一谈，那么两者都将失去真正意义上的尊严。

将两者加以区分，既是企业的一种能力和要求，也是决策者个人的能力。但是，决策者与企业具有这样一种能够区分的能力，并不是一件简单的事，如决策者的自身修为必须达到一定高度。

3. 比较

横向比较于企业，包括国内外企业、不同质的企业等。纵向比较于员工个人。

4. 价值观确立

企业家价值观确立，必须是普世价值观的确立。

5. 信仰确立

信仰确立，须体现真、善、美。

三、以员工成就修复企业与员工关系

1. 多能工的培养

员工从企业获得技术，从而获得做人的自信与尊严，缔造有尊严、感恩的生活。

2. 文化学习

提高素质，成就自己，改善人际关系，获得持续改变自己的能力。

3. 正确的人生观

正确的人生观，来源于正确的价值观、审美观和世界观。

4. 素质培养

确立员工正确的人生观与恰当的处事方法与能力，从而缔造员工良好的行为和人生目标。

5. 以员工有品质的生活缔造员工自我

来自企业制度、企业代表对员工生活的参与和关爱，打破企业简单的显性雇佣关系，消除不良关系，在成就自我的同时也成就企业。

四、以班组优良的工作环境修复员工与班组的关系

1. 自然环境

自然环境，体现企业的精神面貌。对企业积极向上的精神和企业对

于员工、理念、未来的方向都有积极作用。

2. 人文环境

（1）公平。

（2）正义。

（3）价值观。

（4）人性的可建设性。

人也许都不是完美的，但良好的班组能说明，人们渴望进步，渴望把不完美变完美。这样的潜在说明直观而且有用。

（5）良好的班风。

这里的环境是指工作环境。如人际关系、员工与班组长的关系、员工与工作的关系以及从工作中能获得尊严与成就感、班组内的公平和正义体现等。

3. 沟通与访谈

班组内一定要进行沟通与访谈。沟通与访谈不一定是发生在工作内容上，也不一定是正式的，访谈内容最好是生活上的。当然，这样的访谈不可以是随意的，而应当是来自于企业制度方面的，具有严格访谈程序与真诚的心。

五、以相匹配的文化、理念、物质修复企业与员工关系

1. 制度

企业善意表达，要通过制度而不是即兴的表演。

2. 活动

文化活动不是企业文化，文化活动属于企业生活，企业生活有利于企业体现企业文化和修复企业关系的意图。

3. 演讲

演讲是沟通的一种形式，是一种广泛沟通。

4. 培训

培训是企业提升员工工作技能最直接的方法，也是直接的善意的表达。

5. 组织学习

强调学习并组织学习，是企业文化使然。高度体现并彰显了企业文化。

6. 对世俗文化的批判活动

企业文化也可能从负面促进。对世俗文化的批判，是成就企业文化和企业文化个性的一个主要方法。

7. 合理报酬

必须正视员工报酬。员工报酬是企业善意和企业文化的印证。

8. 良好的福利

同报酬一样，良好的福利体现并印证企业文化。一个没有福利或很勉强地给予员工福利的企业，是不必谈什么企业文化的。

9. 有质量地执行隐性契约

隐性契约的存在与实行，在于企业的良心，企业良心在于企业行为。隐性契约的存在与实行，才是修复企业关系的前提。不认可隐性契约关系，也就等于不认可企业关系，不认可企业五型化。

六、以普世价值观促进隐性契约关系发展

隐性契约关系，引出对企业目标的探讨。而企业目标，又与企业意义紧密相连。企业的基础目标是经济目标，但企业的基本目标，却应包含文化目标在内。因此，我们要压制企业欲望，以企业生命去领会企业存在的意义、成就企业关系，把实施五型化的切入点定位于企业关系的确立和建设，把企业关系同时当成五型化目标，成就企业关系的同时也成就五型化、成就企业。

企业目标并不是一个。成就员工是在企业生存中自始至终的目的。不要将企业文化目标空置、荒废。要明白企业目标的兼容性，明白目标不具有选择性，不具有先后性。经济目标如果不在文化目标驾驭下，企业的成就将损害社会、人性与企业自身。

一切人类行为的意义，莫不与人联系在一起。如果不与人联系起来，那么任何人类行为就不会有意义，就会被人类摒弃。但是，任何人类行为如果不与人类的普遍性联系起来，那么就只是部分人的行为，就只会在部分人那里寻找意义。其后果就是部分的行为与服务部分人的思想，这必将损害普世价值观，必将与大多数人的利益存在冲突，而这样的结果，必然不具有建设人性的意义。这些在欲望主导下的行为，必然是损害人性的。最后的结果是，这样的行为不仅没有任何意义，而且在本质

上是反人性的，违背了人类的本质意义。

经济目标于企业而言是基础。目标的另一个层次，即把经济目标转换成手段，再实现文化目标。

物质目标，永远不可能取代文化目标，经济目标也永远不可能达到文化目标的高度。人们对于文化目标的需求，是经济手段无法满足的。

经济目标无法获得人性建设的需求。经济目标如果不在文化目标之下，就不可能具有真实与真正的意义。再者，如果经济目标凌驾于文化目标之上，企业目标方向就会错误，企业将向相反方向发展，这不仅不利于人性，也不利于社会，同时也不利于企业自身的发展。

建设多元的企业目标，才能成就五型化，才能令企业具有实质、表达企业的现代特征，才能令企业国际化。单一的企业目标，会使得企业商业化、员工顾客化，实际上造就的是一个人的企业。

1. 经济目标

经济目标是企业的基础目标，但并不是企业的最高目标和唯一目标。企业的最高目标是文化目标，即人性建设。

2. 文化目标是隐性的，但是是真实的

文化目标，如果定义为文化本身，即违背了文化本质。因为文化是一个抽象的概念。文化必以企业行为体现，然后才能获得文化的具象认知与感知。因此，企业关系必然成为文化目标。以企业关系成就企业文化和五型化。

七、以人本思想和自主化管理确立企业与班组的关系

1. 管理重心下移显示出管理上的人本观念与自主管理回归

企业本质加强和企业现代性的诞生与发展，必然会出现企业管理重心的下移。但实际上，管理上的这种市场化缘由的金字塔结构变革为扁平化，还有人性需求因素和文化要求的作用。但显然，将其表述为企业发展过程中的必然，并不完全恰当，因为这是工业化之初人们对工业化走向产生的误觉而造成的管理上对人本主义的偏离。

企业与班组关系的重新定位，实际上是决策层与员工关系重新定位的翻版。但本质上却是企业理念、企业个性化向普世价值观与国际化企业的转变。

2. 建设自主管理的企业环境

企业文化是自主管理的根本。如果失去了这个根本，自主管理就是纸上谈兵。企业在班组实行自主管理的同时，要准备好自主管理的必需条件——高素质的员工、自律精神与执行制度的能力，而这些都来自于企业文化。

八、以正确的企业理念成就企业与社会关系

1. 理念的确立

企业必须认识到企业是社会分子的另一种形态。企业也必须知道，企业的实质与企业现代性需要企业在社会责任方面，承担或替代员工的部分责任。尽管这种责任以企业形态出现，常常会被人忽略，但这种承担是实实在在存在的，并且这样的承担质量，不仅影响着企业与社会的关系，也影响着企业与员工的关系，甚至影响着企业的自我关系。这种认知有利于企业理念的普世化。

2. 理念的建设

理念指导企业行为，要警惕是否出现行为与理念脱节的情况。

九、以批判与责任完成企业内与企业外关系互建

企业文化分为企业内文化与企业外文化。文化划界非常必要，因为基于批判的划界目的，是企业建设文化的必需途径。企业完成自我建设，才得以与社会确立关系，并建设内外关系。如果企业自我不完善，企业与社会虽然事实上存在一些经济层面的关系，但实际上，它们之间并无瓜葛。企业越完善自我，与社会关系就越和谐，两者互建也就越存在可能。在企业与社会关系中，企业无力要求社会适应企业，但企业可以通过自我改善，改造社会。

十、共同价值观铸就上级与下级关系建设

1. 普世价值观

企业成员共同认可的普世价值观，决定着人际关系，从而也决定着

企业上下级关系的性质，进而影响上下级关系的建设。普世价值观，存在着人性与信仰成分。若忽略了普世价值观，则很难令人在思想上统一和在行为上产生巨大凝合力。

2. 人生价值观

在上下级关系建设中，要有共同的人生价值观。人生价值观即使一致，但如果不具正确性，那么依然无益于上下级关系建设。

3. 共同执行企业理念

企业理念必须彰显，并时时彰显，时时彰显就是时时再建。理念与观点不同，理念是行事的准则。企业要存在企业理念，并且要彰显企业认为接近普世价值观的理念，否则，上下级关系会沦落为原始的破坏人际的关系，并进一步损害上下级关系。

4. 素质修养

共同的素质修养，从另一个方面提供了一种人际关系的保险系数。

5. 企业现代性与企业实质

企业现代性与企业实质，在一种文化背景下，影响和决定着企业上下级关系。

十一、以企业未来揭示文化与物质的关系内涵，并以此建设两者关系

1. 企业未来揭示企业实质

企业具有实质，才会思考企业文化与经济关系谁更应当占据主导地位。

2. 文化与物质两者合理平衡就是以文化主导的企业行为

大多数并不认知文化者认为文化不应当是企业所为。许多误解出自于此，许多企业专心于企业经济建设，最后仍然不反省文化和不认知文化。企业终极目标是以文化本质呈现的而不是以经济本质呈现的。当企业定位于终极目标本质是文化本质时，并不意味着企业会忽略经济管理和经济目标的实现。文化目标与经济目标所呈现的在本质上并不矛盾。

企业以文化取胜，实际是指企业要以文化性的企业行为取胜。文化不能离开行为。文化的本质并不在于文化本身，而在于行为本身。

十二、以自由性成就正式组织与非正式组织关系

普世价值观的核心部分是自由。附着于自由的，还有平等、博爱、民主、和平、正义等。普世价值观（第二文明范式），才适合企业文化建设，而不是一般道德（第一文明范式）。但是，普世价值观与一般价值观是会形成对抗的。企业所做的就是，认知到一般价值观对企业的危害，从而坚定不移地选择普世价值观。

具有普世价值观的企业，就会鼓励非正式组织出现，并引导非正式组织，使之与正式组织相互成就。具有普世价值观，就能够知道非正式组织的出现是来自于人性中的自由性需求，因而也就能够获得合理性认知，从而也就能较好地处理正式组织与非正式组织之间的关系。

十三、以自由性获得信仰与非信仰关系建设

在普世价值观中，核心内容是自由。人没有任何精神需要是超过自由的。自由才能造就人，自由才能满足人性需求。企业在五型化中、在企业关系建设中，只有充分认知自由，才能较好地在信与不信之间建设两者关系。

建设信仰与非信仰的关系时，必须首先要对未知怀有敬意，必须让信仰首先包括非信仰。故在企业中，企业主（即使无任何信仰，但为了形成兼容）一定不能对信仰怀有敌意。即使企业主不信，或环境不容许信，也不会因此让企业违背普世价值观继而出现管理缺憾。

十四、以普世价值观与信仰处理员工福利与企业利润

1. 呈现利益分享，体现企业分子实质

企业关系，并不是独立诞生、实践的。企业关系呈现系列化。因此，企业关系需要互相支撑。

理念与实践需要互相支撑，以此形成企业关系的完整性和实质性，也让企业关系具有现代性。单有理念而没有实践支撑，是表达企业五型化的实质性错误。单有实践而没有理念，企业建设就不能上升到一个高

度，五型化也是空谈。

2. 呈现责任分担，体现员工战略思考的实质

如果员工顺利并且合理分享了企业成果，却没有分担企业责任，依然不是五型化企业关系的本质涵义。这样的企业行为依然不能达到建设企业人性和员工人性的目标。

十五、以素质、文化平衡管理与被管理的关系

管理的本质，存在对抗。但管理的本意，却并非对抗。事实上，从主观上而言，在最初无论是管理者还是被管理者，都不具有对抗的初衷，但是发展到最后，可能双方都难免陷入不同程度的对抗中。

实践证明，管理本质上产生的对抗并不容易消除，即使是管理大师，或者是最国际化的企业。原因很简单，对抗既来自企业自身管理水平和能力，也来自动态的事物变化中出现的矛盾，同时也来自人性和个人修养、认知能力等。

如何减少对抗？除了价值观形成一致的认知焦点外，还要提高素质水平和文化水平，促使对抗双方在情绪、理智上进行平衡，并尽早促成对抗双方早日反省，回归到客观与理性上来。

回归理性，并理智客观地认识工作中所出现的问题的影响因素包括：

1. 企业管理质量或水平

对抗因素主要来自企业，如工作流程不合理等。

2. 管理者水平

可能来自管理者自身的管理水平、不公正的心、管理者个人情绪的工作体现等。

3. 被管理者的工作能力、交际能力、个人修养及忍耐力

或许管理者没有错，错误也可能来自被管理者。

4. 发生对抗的事物的本质

对抗取决于事物本身。这样的对抗，不是人为的对抗。这一种对抗，在解决了事物本身矛盾后，相对于其他个人因素、管理因素而言，是一种允许的合理对抗。但就对抗本身而言，最初的合理性最后往往演变成非理性对抗，酿成错误。

5. 平时管理者与被管理者的沟通成果

对抗有时候取决于沟通。沟通成果，不是消除对抗，而是选择对抗方法。沟通，寻找对抗，并利用对抗主导对抗，变恶意对抗为善意对抗。

6. 历史对抗记录

显然，这是一种个人因素的对抗。对抗有主观因素在里面。

7. 私交

私交不能从根本上解决对抗，但是管理者与被管理者之间良好的关系，能够在对抗发生时建立并存在一个缓冲带，利于对抗以理智形式回归到客观实际，并保证公正合理地解决问题。

从上述管理中不难看出，管理不能避免对抗，对抗不可怕，可怕的是管理本质的对抗形态往往会被管理者与被管理者利用，从而使管理这一行为本质变味，演变成一种纯粹与工作无关的人性对抗。因此，要以素质、文化建设管理与被管理者的关系。

十六、以普世价值观和信仰处理与认知当下与未来关系

这里所说的未来，存在未来性的含义。不论企业有无未来，事实上企业都存在当下与未来的关系。企业即使主观上并不准备有未来，也要以普世价值观与信仰建设当下与未来的关系。因为企业不是有现在才有未来，恰恰相反，企业是因为有未来才有现在的。

企业存在未来，这是事物（企业）的本质。

但是很少有企业认知这种事实上存在的企业的未来本质，也便无意于当下与未来关系的研究。企业会为明天考虑，但为了当下而考虑明天，不是这里所说的企业未来。这里所说的企业未来，是一种企业具有的普世价值观与信仰并在其基础上建立的企业计划。只有有未来的企业（具有普世价值观，并具有为这样的理念存在坚强地走下去的信心），只有建立当下与未来关系修和的企业，才具有企业实质，也才具有企业的现代性。这样的企业才具有尊严，才显示出其位格，才配得到尊重。

只有当下没有未来的企业（企业主不关心企业未来，不关心员工，不关心社会，不关心责任，唯钱是图、唯当下是图），实际上是可耻的。没有未来的企业，是一个没有灵魂的企业，企业主也是一个没有正确人生观的人，企业也就没有任何价值和意义。

以普世价值观建设企业未来，以未来建设企业当下与未来的关系。如果企业的未来愿望强烈，二者关系的建设也就趋于和谐。

第八章　六纬建设实施之二：制度

一、五型化制度认知

1. 制度的文化性

(1) 制度的自我尊严批判性表达。

在传统与守旧的企业思想中，制度被过度表达为神圣不可侵犯的。实际上这是初级企业管理焦虑的反应。在这样的制度思想下，制度像一只狼一样，不通情理、不具有人性化，更不具有建设人性功能，也根本看不到制度的自我反省能力与更新功能。

(2) 不出于九个节点之上。

制度不能成为五型化的根本保障，企业关系才是五型化的根本保障。因为企业关系呈现的人性建设能力远远优于制度。制度的本质，决定其文化成分只能表达在一个适度的水平。故在九个节点中，制度并不突出，并不会像在传统管理中被赋予过度的刚性使命与不适当地被神圣化。

制度虽不出于九个节点之上，但绝不是说制度的功能在五型化中被削弱。事实上，制度与九个节点中任一节点一样，比之于传统管理，是强化了管理而不是削弱了管理。制度，并没有失去其刚性，只不过刚性的基础是文化和出于人性建设的目的，这与传统管理不一样。在五型化的制度中，出于人性建设目标，制度在显示文化的前提下，有时候更具刚性。

五型化绝不是把刚性的制度柔性化，而是令刚性的制度从现象上不具有普遍性；从目的上不具有企业自利性而具有建设性，从而让刚性的制度体现企业理念、企业文化、普世价值观、人性化管理和自主管理，体现制度的企业关系建设，体现制度建设人性的“法不容情”，让刚性的制度表述其管理重点。五型化的制度指导思想，恰恰推行的是“严刑峻法”。

2. 制度的企业文化性

(1) 人性化建设特征。

即企业的所有制度，都需具有建设人性的目标和功能，同时达到管理的目标。

（2）人性化管理特征。

第一，是指管理本质的人性化；第二，是指管理内容的人性化；第三，是指管理方式的人性化；第四，是指管理体现人性化。

（3）企业文化特征。

制度一定要具有企业文化特征，五型化制度的本质就是文化。比如在整个制度中，要考虑到员工享有神圣的自由，因此，在制定制度的时候，就会考虑到制度的整体性和企业文化的特征。

（4）企业理念特征。

制度内涵必然体现企业理念特征，制度目的也必然是建设企业理念。

（5）普世价值观特征。

制度要具有普世价值观的特征，因为是五型化制度而非传统的企业本位主义的、以企业利益为内涵建立起来的制度。

（6）创新特征。

这与传统的制度相比，无论是在内涵上还是制度本质、制度目的上都不同。

（7）互动互建特征。

制度本身的互建功能，比如在体现企业理念和实施人性化管理中，互相围绕着一个五型化中心，在内涵上互相促进，以确保制度的整体建设目标达成。

（8）自主管理特征。

制度的自主管理特征，即基于人性的制度建设纲领下，不是为了惩罚而是为了建设员工人性和提高工作质量，在这样的制度建设指导思想下，制度具有启迪员工思想的功能。

（9）标准化特征。

自主管理的技术前提是标准化。因此，制度要体现标准化思想和标准化作业与作业标准化的严肃性和责任态度。

（10）企业关系特征。

建设企业关系是五型化企业制度的主要任务。因此，一定会体现大量的促进企业关系的内容。

（11）公正与道德特征。

五型化制度，一定要体现制度的公正与道德特征。公正与道德是制度的根本，如果制度不能体现公正与道德，那么制度的本质就会动摇，制度的实质也会令人怀疑。

（12）企业主动承担责任特征。

企业制度如果对企业自身不具有约束功能，企业制度的公正性与合理性就不会得到保证。企业主动承担责任的特征在企业制度上的体现是从实践而来的，并且其内容是以对事与行为的促进目的为前提而不是以不让员工损害企业利益为目的。

（13）制约权力特征。

五型化制度特征的制约权力特征的建立方向是以约束企业上层而宽松企业下层为总体构思倾向。因为上层负有管理基层特征，所以五型化制度特征也具有“对上严而对下宽”的倾向性特征。

（14）消除等级观念和制度特征。

制度内容要消除等级观念而不是建立等级观念，所以制度的适用人群应当是企业所有成员包括决策者，而不只是最底层的员工才适用。

制度要消除制度特征，还要在内容与语气上拒绝居高临下，不要人为地把制度神圣化。

（15）自我建设、自我修复、自我检查、自我通报特征。

制度本身要敢于张扬其可能存在的不合理，要让人检举制度的不合理性和不合理部分，要让犯错者对制度提出申辩与修正的可能。

（16）对管理的刚性调和特征。

当制度的初衷不再是企业为了管住员工的手段的时候，事实上伴随着原来制度是企业主利益的本质就改变了，其内容也就随之而改变。

二、制度的本质

制度不是规定，规定可以停留在原因上，但制度却要上溯到文化层面。即在制度中，要具有是非观念、价值观念，制度要体现文化判别后的符合普世价值观的建设性结果。

三、制度的程序

1. 识别程序

（1）自我识别程序。

每一条制度内容除常规内容外，还要新添自我针对性。即在制度思想中，明确肯定制度本质缺憾的不可避免性，承认制度是在一定条件下产生和在一定条件下执行的产物。因此，在应用本条制度时，执行是一方面，另一方面，给予员工根据制度赋予的权利，对本条制度进行鉴别、改善、举报或提议终止。

五型化制度的自我识别程序，就是不仅要给予员工对制度的监察权利，而且要让制度提供制度本身不合理的可能，从而让制度服务于人而不只是维护企业利益。

任何一条制度，都应当具有自我识别的具体特征。而作为五型化制度的共同识别特征是：制度如何在不能或在实际达不到建设人性的目的时，就应承认自己的错误和能够承认自己的错误。自我识别程序旨在打破制度的神圣性，变利益工具为建设与服务人性。

（2）企业成员错误识别程序。

分析错误的性质、动机、后果、主观与客观因素、可容忍度与不可容忍度，让制度具有人性化，而不完全是刚性的象征。

2. 修复程序

制度的自我修复，就是制度要形成一个明确的界定标准，这样的界定是指本制度在什么时候适用，什么时候不适用，或什么条件下哪些部分不适用，或本条制度的执行出现与五型化制度意义相违背的情况下，本条制度应当废止的明确提议与界定。

制度应具有制止本身错误的功能，即制度执行具有条件限制和识别与分析内容的功能。

3. 改善程序

设置制度的自我建设程序。制度不能一成不变，而是始终处在一个动态的环境中，因此制度如果不能为动态的人与事服务，甚至有损于制度本质意义时，制度就要有一套自我改善甚至是终止的程序。因此，在本条制度建立时，要具有对制度适应性的考量条款和执行前提的条件与限制内容。

4. 教育程序

制度本质是建设人性、促进企业五型化、促进企业关系成长。因此，制度制定的鼓励条件要多于惩罚条件，或者说制度的惩罚性措施要建立在鼓励基础上。

四、制度的五型化考查

制度要符合企业五型化思想，即有利于企业五型化建设，体现人性化管理思想、人本主义思想和建设人性的愿望。

1. 建设五型化目标

如学习型、效益型、管理型、和谐型和创新型。

2. 体现人本思想

要以人为本，不要以利益为本。

3. 自主化管理目标

在制度的目的性中要为自主管理起到促进作用。

五、五型班组建设文件体系规范化

表8－1　五型班组建设文件体系

文件类型	文件名称	文件编号	权责单位				
			总经理	执行办公室	培训干事	文书干事	各部门车间
一阶文件手册（7）	《班组建设日常管理手册》	《TW1 001.01－2008》	□	●	△	△	◆
	《班组管理案例集》	《TW1 001.02－2008》	□	●	△	△	◆
	《训练员手册》	《TW1 001.03－2008》	□	●	△	△	◆
	《设备员手册》	《TW1 001.04－2008》	□	●	△	△	◆
	《质量员手册》	《TW1 001.05－2008》	□	●	△	△	◆
	《安全员手册》	《TW1 001.06－2008》	□	●	△	△	◆
	《文化员手册》	《TW1 001.06－2008》	□	●	△	△	◆

（续上表）

文件类型	文件名称	文件编号	权责单位				
			总经理	执行办公室	培训干事	文书干事	各部门车间
二阶文件程序（4）	《优秀班组长评选管理办法》	《TW1 002.01－2008》	□	●	△	●	◆
	《五星班组评选管理办法》	《TW1 002.02－2008》	□	●	△	●	◆
	《班组绩效考核管理程序》	《TW1 002.03－2008》	□	●	△	●	◆
	《班组建设与作业管理评价标准》	《TW1 002.04－2008》	□	●	△	●	◆
三阶文件程序（7）	《班组长上岗管理规定》	《TW1 003.01－2008》	□	●	△	△	◆
	《四会班组长达标验收标准》	《TW1 003.02－2008》	□	●	△	●	●◆
	《班组长任职资格标准》	《TW1 003.03－2008》	□	●	△	●	●◆
	《班组日清管理标准》	《TW1 003.04－2008》	□	●	△	●	●◆
	《班组创新改善实施办法》	《TW1 003.05－2008》	□	●	△	△	◆
	《班组看板管理规定》	《TW1 003.06－2008》	□	●	●	△	●◆
	《班组岗位训练实施规定》	《TW1 003.07－2008》	□	●	●	△	●◆

（续上表）

文件类型	文件名称	文件编号	权责单位				
			总经理	执行办公室	培训干事	文书干事	各部门车间
四阶文件表单（13）	《班组日清管理控制表》	《TW1 004.01－2008》	□	●	△	●	●◆
	《班组日清工作记录卡》	《TW1 004.02－2008》	□	●	△	●	◆
	《班组长胜任能力评价表》	《TW1 004.03－2008》	□	●	△	●	◆
	《班组小团队实施报告书》	《TW1 004.04－2008》	□	●	△	●	●◆
	《班组改善成果发布通报》	《TW1 004.05－2008》	□	●	△	●	●◆
	《班组作业日报表》	《TW1 004.06－2008》	□	●	△	●	●◆
	《班组损失成本记录表》	《TW1 004.07－2008》	□	●	△	●	●◆
	《班组设备自主点检表》	《TW1 004.08－2008》	□	●	△	●	●◆
	《班组 6S 责任区域清扫表》	《TW1 004.09－2008》	□	●	△	●	●◆
	《班组交接班记录表》	《TW1 004.10－2008》	□	●	△	●	●◆
	《班组员工创新改善记录表》	《TW1 004.11－2008》	□	●	△	●	●◆
	《员工绩效考核记录表》	《TW1 004.12－2008》	□	●	△	●	●◆
	《班组月度工作总结报表》	《TW1 004.13－2008》	□	●	△	●	●◆

备注：1. 符号说明：“□”表示领导，“●”表示主办部门，“△”表示协办部门，“◆”表示执行部门。2. 本文件体系依据企业的实际需求选择拟定，以避免文件制度的形式化和不适用性。

第九章　六纬建设实施之三：理念

理念与文化不同。文化是一个面，而理念是一个点；文化以行为体现，而理念以指导行为而存在。五型化过程中，理念承担着彰显文化的任务，即“理念有表彰什么是企业五型化下的文化”这样的任务。理念不仅需要与五型化观点匹配，还要与五型化下的文化匹配，使理念五型化。

第十章　六纬建设实施之四：文化

这里所说的文化，第一，指企业文化；第二，指以普世价值观为核心的社会文化。这里所说的企业文化概念，远远不是传统上所说的企业文化（传统的认知视企业文化为活动，视文化为有形，去除了文化源于人性、建设人性的内在性）。在传统的企业文化认知中，中国企业甚至在概念上也不能够理清，即认为企业文化就是企业活动，在行为上也就停留在文化层面。企业文化到底是什么呢？

企业文化如文化一样，并不能够被完整地描述。任何试图描述企业文化的行为，都只能获得部分认知或彻底失败。文化来自人性并为满足人性而存在，文化不具有个性特征，显于行、隐于人，处处存在又处处被人忽略。

文化是源于人之本性并建设人性的、集体的或个体的自我行为和自我认知。

文化以人的行为彰显，并以人自我获得的能力来认知，以彰显和认知来进行建设。

文化不能被打造，文化本质不是产品。任何有形的东西，都不具有文化本质。

文化不能被利用也不能被引领。奴役文化，等于自我欺骗。

当然，这样描述文化也甚为浅薄。

企业文化，是社会文化的延伸。本质上，企业文化依然是社会文化。企业对企业文化的需求，就如社会对于社会文化的需求一样。

一、文化误区

1. 文化是抽象的

文化的行为化与体现方式，令企业文化不再抽象。

2. 利用文化而服务于企业生产与效益

在认知文化行为化的同时，可以得出文化的本质是不可以被奴役的。因此，企业千万不要把企业文化当成是促进生产的一种方式。企业文化不可能成为引领企业技术的工具。

3. 打造班组文化，打造企业文化

企业希望获得企业文化，必须以企业行为体现，而不是打造或创造。无论是班组文化还是企业文化，都不可以被打造。无形的文化源于无形的人性与精神，以无形建设有形，以有形复归于无形。

一个国家，认识了文化，就认识了自己，国家、民族就能脱颖而出，居于世界之前。一个企业，认识了文化，就认识了自己，企业就会有成就。

二、文化就是企业的命运

要实在、实际地看到文化就是企业的命运。文化是国家的根本，恐怕没有人怀疑这一点。一个企业也是，文化强大后，物质层面才能真正强大。未来企业竞争在于文化的竞争。谁借助社会文化创造了优先的企业文化，谁就有了优于别人的管理。管理优先了，物质层面的进步才会持久，有了物质层面的进步，才会实现真正的可持续发展。

企业班组五型化，其核心就是文化。一个有文化的企业就是一个学习型的企业、一个注重创新的企业、一个自主管理的企业、一个和谐型的企业。文化是针对企业所有人的素质提升，而非只停留在表面。

三、企业文化是企业关系成长的土壤

企业文化表现在企业关系，企业关系的根源是企业文化。一个没有企业文化的企业，是谈不上企业关系的缔造与成长的。

四、企业文化是企业自主管理的土壤

企业文化在管理方面，是以企业自主管理来体现的。如果企业不把自主管理作为企业管理迈进的方向，那么企业显然忽略了人性的存在。

第十一章　六纬建设实施之五：技术

企业技术同样具有广义与狭义之分。广义的企业技术是指除狭义的企业文化外一切支持企业运营的有形和无形部分，也包括管理技术。狭义的企业技术指与产品相关联的具有独占性的内容。进一步而言，狭义的企业技术指企业创造技术、拥有技术、使用技术和以技术再生技术的能力，指企业员工所具有的技术创新能力。广义与狭义上的企业技术，事实上都是企业生存必不可少的主要结构性支撑。

企业五型化，同样看重企业技术，只不过与传统企业相比，五型化思想并不会在九个节点中过分抬举企业技术。因为过分抬举企业技术，实际必然存在贬损其他节点的可能。这显然不符合五型化企业精神，也令企业技术与五型化理论系统格格不入。

企业对待技术的态度，折射出企业的五型化本质是否存在。正确的技术认知，是能够见容于企业九个节点中并不露锋芒地服务于企业五型化的。

技术在五型化中，具有典型的工具特征。只有认识技术，才能获得技术并利用技术。否则，技术对于企业就什么也不是。

技术与企业其他八个节点，在五型化系统理论中，共同缔造企业五型化。

一、技术的核心作用和意义

事实上，企业技术并不是决胜的关键。决胜于市场的，始终是人，是文化。但是，许多企业往往过度看重企业技术，置技术在九个节点之上，认为技术决定企业的一切，甚至是企业的未来。这不仅是对企业管理的误解，实际上也是对技术的亵渎。过分管理往往致使管理失衡。技术是企业生存的重要因素，但在五型化中，我们要认识到技术并不能令企业决胜千里。

员工：

1. 为了提案做准备

员工可以超越班组范围进行提案。五型化的员工，不仅要具有班组长的工作能力，还应当具有决策层战略上的思维。企业要想获得好的提案，就要创造让员工思考的条件并对员工思考的权利进行保障，而不要害怕员工进行战略思考并参与企业战略建设。

2. 做好员工技术储备

干部储备是企业的常规行为，但是员工储备相对做得不好。而对于员工技术储备，则更没有这样的理念，也没有这样的管理行为。当五型化给我们提供了一个正确先进的思考视界与心态时，事实上员工就是企业的未来。有员工，才有未来。

3. 员工获得生存品质、工作品质的方法

当员工获得多种技术的时候，员工就会获得自信与尊严。因技术而达到能力、价值认可后，企业的员工就会建立起一种接近普世价值观的价值体系，从而达到企业的国际化要求。

企业：

1. 企业获得尊严的方法

企业获得技术能力的时候，即企业能够拥有大批技术型员工，企业就有成为国际性企业的可能。此后，企业在实质性、现代性和个性形成方面，就会具有方向性与划时代的建设意义。

2. 企业与员工关系以技术进行缔造

当企业鼓励员工学习多种技能时，企业关系与员工关系就得到了改善，二者就开始了互动。

3. 企业获得技术能力

企业可以通过许多方法获得技术。但在许多情况下，企业并不能获得技术能力。

技术能力即企业本质具有的技术性，即企业自我产生技术的能力。而企业如果希望提高自己的技术能力，就得把眼光从单纯的技术上移开，而专注于员工的创新能力，并让员工从拥有技术这样的目标下开始。许多情况下，文化决定了技术（物质层面或广义的技术），而不是技术决定了企业。技术能力，就是一种文化能力。

4. 技术并不只是为品牌服务的

拥有良好的技术，并不仅是在打造品牌。单纯地拥有技术，不是五型化思想的本意。五型化的本意是企业技术只有在不断自我打破、自我建立中，才是真正的技术。而这种不把技术当技术，而把技术当能力、当文化的企业行为，才是五型班组或企业五型化对于技术的真谛。技术的关键在于企业的技术能力。

二、掌握班组管理技术是员工应有的技能

员工的管理水平与职业素养要与班组长齐平。

五型化员工，并不是传统意义上的循规蹈矩的员工。五型化员工“不听话”，并且具有强烈地向未知领域探索的欲望。

在广义的技术概念中，一切非文化的企业行为都可以归类到技术。

1. 员工必须掌握班组管理方法

员工应当具有班组管理的全面知识与技能。技术管理与行政管理都相当娴熟，是员工参与并缔造五型化的根本。员工这种能力的提升，旨在实现高度自主管理。员工必须掌握十大现场管理方法：生产工艺流程、6S 、OJT 、IE 七手法、QC 七手法、三检体系、QC 小组活动、提案活动、80:20 原理、PDCA 循环。

2. 员工素质

员工必须掌握的十大职业素养：积极的心态、企业认同感、优秀的职业人素养、职业生涯规划、高效的执行力、团队知识、有效的沟通技巧、高效的时间管理、人际知识技巧、职业礼仪礼节。

3. 企业内所有技术要成为员工的目标

员工一定要向企业内所有存在的技术项目迈进，即把企业内所有技术项目作为自己掌握的目标，无论这个目标是近期的或是远期的，无论这个项目与自己的本职工作是直接关系还是间接关系，甚至看似没关系。

三、企业要藏技术于员工

在五型化中，员工要具有多种技能。只有多能工，并且是符合五型化企业所指的具有技术能力的员工，才能够把技术与员工联系在一起，

才能令企业技术与员工共同进步。

技术藏于企业员工之中，技术藏于企业文化之中，企业才会真正强大，企业才算真正获得了企业技术。

另一种情形是员工只有获得了五型化企业要求的企业技术能力，才真正获得尊严、价值和自我成就，才实现了员工的五型化，企业员工的人性自我建设和自我成就的企业关系才能实现。

四、技术在五型化中的作用

技术在五型化中，应当存在于文化和企业创新活动中，即五型化理解的技术，是一种包括创新能力的企业能力，而不仅仅是一份锁在老板保险箱中对任何人都保密的文件。技术是五型化缔造的结果。技术也只是五型化企业的一个阶段性考察指标。

五、技术与企业未来

有技术，才有企业未来。有五型化的企业技术，并兼有狭义上的技术与广义上的技术，企业才会真正具有未来。

第十二章　六纬建设实施之六：班组长

一、班组长能力误区

过分把班组长能力要求在理论上进行表达，虚化五型化实质并误导班组建设，误解管理文化本质，把管理简单化，把五型班组建设指令化、技术化、行政化。

二、班组长关联误区

过分认定班组长在企业五型化中的巨大作用，是五型化理念上的另一个重大误判。把管理寄托在班组长身上，既表现了企业对新的管理思想的茫然，也表现了企业在当下的竞争中对于市场接纳的担忧和焦虑，同时说明企业过去管理战略的失误和企业文化建设的根本性缺位。

三、杰出班组长存在于企业是一个危险信号

班组长很重要，但不能过分地强调。五型班组不允许存在突出的班组长，认为突出的班组长对立于突出的员工。一个万能的班组长，要么是企业难以付诸实现的幻想，要么是不合格企业的一个佐证——企业需要一个理想化的人物借以说服自己和别人：管理是正确的，企业有优秀人才，企业不愁未来。

作为企业，出现了杰出的班组长的时候，首先应当知道这是一个危险的信号，即企业管理总体上可能出现了危险。

四、班组长是企业的副驾驶

与其说班组长很重要，不如说班组很重要；与其说班组很重要，不如说一线员工很重要。但无论如何，班组长属于一线员工中的领头人，

其在班组长这个位置上当然很重要。但是，如果把班组长的重要性上升到一个事关企业存亡的高度，事实上企业自我破坏行动便开始了：企业管理体系遭到轻视和破坏，管理开始失衡、偏废。

图 12－1　班组长企业位置认知误区

五、班组长对教导应有的认识

1. 把管理者与员工区分的第一功能是教导别人

教导者需要两方面的能力：第一是工作技能；第二是教导方法。五型班组的班组长，当然要成为一个出色的教导者，而一个出色的教导者，除了教导别人外，更重要的是要教会被教导者教导的能力，使其学会自己对自己的教导并能够教导别人。

2. 不是以自己的标准去衡量员工，而是以自己的标准去教导员工

在标准中，分有形标准与无形标准。无形标准，并不是没有标准，而是不用写出来的标准，比如态度、诚意以及因教导本身传达的来自企业价值观中的丰富信息。要把教导当成是情感沟通，而不只是单纯的、机械的、毫无表情的工作本身。

3. 员工没有学会，是因为班组长们没有教导好

要分析员工没有学会的原因。没有学会往往不是因为我们所想象的员工能力不够，而是因为教导者没有尽心尽力地站在对方立场上进行教导的结果。

4. **教导员工是最好的学习方式**

在五型化中，如果教导者没有把教导员工看作是自己的一次学习机会，那么显然教导本身存在根本性问题。在五型化的教导中，最难的可能就是这一条。

六、教导的四个缺点

1. **只用说的**

教导是一件很难的事，所以在教导中，教导者会找出许多适合自己的方法。比如，只使用嘴巴。

2. **只用做的**

有的教导者，缘于个性、态度，或对教导本意不甚了解，而不愿意用嘴巴给被教导者讲解，只用行动演示一番。教导是需要沟通的，不能不关注教导对象是否接受、方法是否得当，要分析对象的接受能力与适当的方法。

3. **边说边做**

边说边做，仍然是一种不恰当的教导方法，是一种不看结果、不观察过程、不随时判断、不随时调整的表现。

4. **不认真地教导**

这是基于态度上的不合格表现。

七、班组长要明白什么问题、什么人、什么时间，并实施教导

1. **判断什么问题**

（1）生产延期多。

（2）质量不良多。

（3）机械故障多。

（4）安全事故多。

（5）缺勤辞工多。

（6）生产效率低。

（7）员工士气低。

（8）不遵守纪律。
（9）作业准备差。
2. 何时需要培训员工
（1）新员工初次上岗时。
（2）员工岗位变换时。
（3）改变作业方法时。
（4）新产品上线时。
（5）存在安全隐患时。
3. 谁担任指导者
（1）班组长。
（2）技术员。
（3）工程师。
（4）老员工。

八、员工教导四阶段法

1. 准备阶段

（1）工作教导前尽量放松学员们的紧张心理。
（2）工作教导前告诉学员学习的内容与目的。
（3）确定学员以往经验和对作业的掌握程度。
（4）教导时将被教导的员工处于正确的位置。
2. 示范说明
（1）工作教导中将主要步骤给学员示范讲解。
（2）逐个进行，强调重点，说明常犯的错误。
（3）态度和蔼、讲解清楚、有条理、易理解。
3. 实际操作
（1）工作教导中请学员独自做并纠正其错误。
（2）工作教导中让学员边做边说明操作步骤。
（3）工作教导中让学员进一步重申操作要点。
（4）及时地赞美，增强其信心直至学会为止。
4. 观察跟进
（1）观察：确认动作、程序、要点已正确掌握。

（2）改善：纠正员工错误动作，修正不良习惯。

（3）疑问：指明可以向谁请教，引导学员提问。

九、量化考核，为班组建设增强活力

1. 对员工考核

考核的主要因素有：岗位系数、技能指数和考核分数。具体计算公式为：星级序数 =（岗位系数 + 技能指数）× 考核分数。在这三个主要因素中，前两项是基本固定的，后一项则包括了出勤时间、工作数量、工作质量、工作态度、工作着装、环境卫生、设备保养、水杯摆放等多项内容。至于哪一项能得多少分，扣多少分，每个职工都心中有数，公平公正。

2. 对班组长考核

建立监督考核制度。团队应结合本单位的工作实际制定出行之有效的考核细则，每月召开一次班组长工作考评会，依据考核内容对班组长进行考核，奖优罚劣。由区队管理人员和班组职工按优秀、合格、基本合格、不合格对班组长进行考评，对被评为优秀班组长及合格的班组长，给予表彰奖励，对基本合格的班组长给予帮助、指导，对连续多次被评为不合格的班组长应及时撤换。

十、班组长必须掌握的九大职业素养

本书观点认为，班组长无论是职业素养或者是职业技能，都不应当超出员工太多，如果班组长能力超出组员太多，则表明企业管理出现了严重的危机。但事实上，企业这个时候并不会认为这种现象不正常，并极有可能津津乐道。

班组长的能力超过员工太多，表明班组长不具有班组长资格。即在员工教导方面存在严重缺陷，并且这种现象已严重影响了企业生产。

五型化的重点是提升员工的职业素养与职业技能。如果员工被轻视了，就显出班组长的优秀。而英雄式的管理思想，正是五型化中极力需要摒弃的。

五型化中员工与班组长能力及水平几乎平齐。五型化中，员工能力普遍得到提高，并基本达到班组长的水平。这样，企业管理才能够下移，自主管理才能实施，企业关系才能建设，企业才能真正走在国际化道路上。

十一、班组长如何进行沟通

在五型化中，班组长的沟通应把关键点从工作层面转向企业关系，即以企业关系的建设为先，然后激发员工的主观能动性、创造力、与企业的亲和力、自主管理能力和工作热情，随后带动工作目标的达成。

沟通的真正本质是表达诚意。即使是迫切的基于工作和纯技术的沟通也不能否认这样的本质。了解沟通本质，有利于掌握沟通，在沟通与冲突中，不会流于沟通的表面而忽略沟通的本质。

另外，沟通实际上存在一种要求或条件，即沟通各方要求对方的能力水平相当。班组长在与上级沟通时，身处高位的上司会要求班组长在沟通时的方法、语言、习惯、姿态等与其相当或相称，并且要班组长满足其对这一职位及关联的信息质量与数量需求。而班组长与员工沟通时，班组长也会要求员工能够满足其这方面的需求。

但这样的沟通会带来一些问题。第一，沟通并不简单，沟通呈现的实质仍然是文化差异上的寻求同意；第二，沟通不光是简单的信息互相流动，而是要进行有序的信息对流；第三，沟通时，占主导地位的上级如何引导下级满足自己的沟通目的。

沟通有两个基本特征：第一是必要性；第二是可靠性。沟通的前提是必要性。任何时候，沟通都存在需要，但在企业内的沟通，是需要积累到一定水平并呈现出必要性时，才会在一定对象与主题范围内进行沟通。沟通的必要性中，包含着沟通的目的性。沟通的信息必须可靠。但是可靠性中，包含着的不只是信息的可靠，更重要的是因沟通，彼此关系的缔造与更新。上司需要下属信赖，下属则需要上级具有自己所需求的信息以及信息之外的情感需求、关系缔造、诚意表达、恐惧清除、安全感及未来保障。

班组长在五型化建设中，需要具备足够的技术、道德、知识、管理能力、责任心等，这样，沟通才会如预期进行。

图 12－2　魅力的沟通形式

1. 与上司的沟通

不要过多关注技巧，但要关注内容。永远要记住，上司需要沟通，更需要有意义的沟通。

2. 与下属的沟通

身处班组长职位，在与下级的沟通中，和企业其他职位相比，具有特殊性。身为班组长，要主动与员工沟通，并要把沟通广义化，即不只是工作上的，而且还包括生活上的、学习上的沟通等。班组长的职位特征决定了其沟通特征、需求和内容。这也正是班组长在五型化变革中的特殊性所在。

班组长只有对下属全面管理和下属全面沟通甚至是全面冲突，才是真正五型化意义上的班组长。班组长是第一线的管理者，是第一线的沟通者和发现者，也是第一线的全面冲突者。

在班组长所应当具备的技能中，能够引起冲突，只是走了第一步，而能够把冲突变成良性沟通，不仅考验了企业关系的建设成就，而且考验了班组长对五型化的理解以及管理能力。

3. 与自我沟通

事实上，所有沟通的基础是自我沟通。只有自我沟通良好，所有的沟通才会真正完成。自我沟通又是外向型沟通的基础和条件，没有自我沟通，就不会达到与别人沟通的最佳效果。

4. 沟通时的原则

第一，沟通与冲突的必要性要掌握准确。不进行无谓的沟通，就能控制无谓的冲突。

第二，分辨沟通的对象与事情，决定沟通的方法、时间与场合。

第三，没有充分的准备不进行沟通，随时准备冲突的到来。

第四，沟通和冲突的目的必须明确。

第五，事前要预测沟通效果。

第六，沟通之后要进行总结。可以应用“戴明环”方法提高下一次沟通的能力。

第七，自我沟通。自我沟通是与别人沟通的基础与前提。没有良好的自我沟通，就不会有良好的对外沟通。自我沟通，要先冲突，后沟通。反复实现，成就沟通能力的提升、成就对外沟通的成功率、成就班组长管理能力和自我素质提升。

十二、班组长应具有的素质

1. 实事求是

一个说谎话的人，当然不应当做班组长。

2. 认真倾听

对上级要争论，对下级要倾听，这是一个好的班组长的基本特征。前者是一种责任，后者是一种关爱。

维护下属或别人的尊严。一个不注意别人尊严的人，一定对自己的尊严太过注意。这样的人一定是一个自私的人，这样的班组长不足以担起班组长大任。

3. 称赞下属

这是管理上的一个技巧。但在使用这个技巧时，不要把其当成一种手段，而是要表现出足够的真诚。理解对方与自己都需要真诚的表达和表现，并确信这是人性需求，是益于人性的。

4. 为别人制造机会

这是班组长勇于牺牲而成全别人的精神的体现。

5. 出让荣誉

出让荣誉给自己下属，这样的班组长，就其素质而言，足以承担一个企业了。

十三、班组长如何接待新人

新人迎接与训练检讨表

姓名：________　　职位：________　　到职日期：________

NO.	项目	具体内容	完成日期	负责人
1	接待新人的准备	（　）查核过去的经验和教育训练记录。 （　）查核新人拥有的经历等资料。 （　）准备办公用品、工具及资料。		
2	接待态度要亲切	（　）使新人心情放松。 （　）做自我介绍。 （　）表明对他们的期待。 （　）不时让他们发问。		
3	表示真诚的关心	（　）对其关心的事项和希望，进行交谈。 （　）了解其居住及交通情况。 （　）对工作规定、薪资制度及公司的各项规定等加以说明。 （　）说明公司福利及医保情况。		
4	说明工作内容	（　）说明其工作岗位及整个组织概况。 （　）说明任务的性质和内容。 （　）提示和其他工作的相关性和重要性。 （　）说明将来能力的发展计划。 （　）说明安全规则和安全作业的重要性。 （　）说明工作岗位的惯例。		
5	介绍各有关设施	（　）说明公司的配置图。 （　）介绍打卡机、餐厅、更衣室、洗手间及休息场所等。 （　）提醒须注意的危险场所。		
6	介绍给相关人员	（　）介绍给相关人员，并请他们给予指导。 （　）说明所介绍人员的工作内容。		

（续上表）

NO.	项目	具体内容	完成日期	负责人
7	指导训练事项	（ ）按次序接受训练。		
		（ ）准备学习所需要的工作指导书、样本及用语手册等。		
		（ ）说明工作的执行标准。		
		（ ）指示可向何人请求协助。		
		（ ）说明材料、工作器具等使用及保养方法。		
		（ ）强调工作的安全性。		
		（ ）提醒注意保守机密。		
8	勿忘追踪辅导	（ ）须经常检查工作的进展程度。		
		（ ）工作上的首要条件是正确。		
		（ ）使新人能随时发问。		
		（ ）采取个别面谈方式，了解其愿望并予以鼓励。		

第十三章　五型化行为第二步：自主管理

自主管理是五型化的第二步。自主管理的基础和前提是企业关系。

企业关系建设与自主管理实施，是企业五型化的两条腿。前者的关键在于决策层的认知与价值观的改变，并因此而带来的一系列发生于企业管理、企业技术、企业文化、企业理念和企业关系上的革命性改变；而后者同样是一个系列化的变革过程。关键是在普世价值观上取得一致而创造奇迹一样的企业关系，所谓自主管理并不一定是建立完整的企业关系，而是取得与企业关系建设具有同样的推动作用的普世价值观的一致和决策的认知。

在具体的五型化中，当企业关系不具有领先意识和优先建设地位的时候，五型化的本质就有可能发生质变，那么自主管理也就与原来设想的不同了。自主管理体现五型化的本质与管理方向，所以自主管理成为五型化的基本目标和过程。

自主管理的实施需要许多条件，即自主管理程度的不断演进需要与之相匹配的条件，而作为文化性的自主管理，并没有发轫的前提。因为作为五型化目标的自主管理，是一个企业由低级走向高级的必由方向，并且自主管理的文化性令企业的这一目标实际上伴随着企业管理自始至终地存在。

自主管理作为具体目标时，自主管理需要条件；自主管理作为文化的时候，自主管理则不存在任何条件。不作为条件的自主管理创造着有条件的自主管理，就像文化的自主管理创造着技术的自主管理一样。而实施严格的自主管理，反过来又建设文化的自主管理。作为五型化第二步的自主管理，说的是技术层面的自主管理，即需要具有一定条件，才可进行的自主管理。

一、企业为什么要进行自主管理

《追求成功与卓越》一书的作者汤姆·彼得斯曾说：“企业若不进行自主管理，终将遭淘汰。”自主管理，不只是方式的改变，而且是管理内容的改变；不只是局部管理内容的改变，而且是企业全部管理内容的革命性变革。

自主管理令企业本质的文化性增加，并于管理中强调企业文化的领先地位。

自主管理是企业发展到一定阶段后具有的转型，而这一阶段出现的标志是：决策层普世价值观的企业行为的应用。

自主管理的直观理由是：

1. 自我价值的不断实现

这将带给人莫大的愉悦和满足，激励着人们进一步发挥自己更大的创造力，自主管理顺应了现代人获得尊重和自我实现的高层次的心理需求，它充分尊重员工，引导、帮助员工将企业总体目标转化为实现自我价值的追求。它为每个人施展聪明才智提供了舞台，使员工的潜能得到发挥，使员工的创造性被激发，从而使员工获得成功，令员工真正体会到工作所带来的乐趣和生命的意义。

目前，随着企业知识性员工的不断增加，他们更加自尊、上进，更具有事业心，因此渴望被尊重和自我实现的需求更为明显和强烈，所以企业推行自主管理也就更具有现实意义。

2. 创新的需要

微软总裁比尔·盖茨曾说："微软离破产永远只有18个月。"企业唯有以不变应万变才能发展生存，不变的就是创新，它包括管理的创新、技术的创新、产品的创新。而创新靠的是人的创造力。

传统的管理模式制约着员工的创新，领导集中控制，凡事靠领导组织、安排，员工没有自主权，工作热情不高，积极性不强，创造性更无从谈起。而自主管理建立了这样一个机制，一种自我更新的机制，通过下移管理重心，充分放权，激发每一个员工的能动性和创造性，提供一个让员工自我发展的、不断学习的、主动创新的环境，使员工的创造力最终凝聚成企业的创新力和竞争力，促进企业生产经营目标的实现，保持可持续发展。

3. 发展阶段的需要

当一个企业管理水平和发展规模到了一定程度，企业便进入一个新的视野和环境，简单的产品生产完全不能满足发展的需要，于是企业的经营变成了一个复杂的创新活动。企业的期望或主动或被动地提高，企业目标多元化，企业需要创新和自我改善，需要企业所有成员从被动地接受指令性、机械地工作，上升到对企业战术和战略层面上，以更高级的工作方式进行参与，即不仅完成简单的生产任务，而且要进行产品与技术创新、自我工作质量和素质的提高、广泛意义上的学习、提案建议等。这个时候，自主管理就是一种必然。选择自主管理从企业发展阶段来看，也是一种阶段性特征，即企业进入成熟期的固有特征。

4. 人性的需求

管理的本质并不是控制，在一切以控制为管理主体的企业管理中，实际上对于工作本身的理解，也并不完全到位。不仅如此，由上而下的简单易行的控制式管理，即使从生产层面的效益角度而言，也常常远逊于自主管理等开明管理方式。

5. 文化的需求

（1）人性对文化的需求。

自主管理能够最大限度地体现文化，从而形成企业文化，并满足人性建设中对文化需求。

（2）企业和员工对文化的需求。

当企业发展到一定程度时，企业需要在企业行为中体现文化，员工需要在工作中表达文化。无论是企业还是员工，都有共同的文化需求。

6. 降低管理成本的需要

自主管理，降低管理成本，提高生产效率。

二、自主管理的本质

自主管理是从传统控制管理中脱颖而出的，这样的质变，来自企业现代性对传统企业价值观的完全颠覆。

自主管理的本质比较完整地表达了企业现代性与企业实质性，完整地表述了管理方法的质变是来自企业文化深层次的反省。

自主管理的本质就是不再以传统管理上的控制作为管理的主要思想，而是以管理者对被管理者的人性建设来消除从前在管理中制造的对立与对抗，从而在改善两者关系后，建立起既有利于企业又有利于员工的双赢式管理手段与思想。自主管理所体现的五型化管理认为传统企业所表述的企业终极目标与价值观念，应当从技术层面解脱出来，定位在人性建设上。

自主管理本质的显现是建立在对传统企业控制管理本质批判的基础上的，并且自主管理表述的企业管理本质从根本上颠覆了传统思想，也从根本上更新了企业行为意义、价值观。

三、自主管理的条件

自主管理的条件，是指自主管理在具有一定程度后的一种与之相匹配的要求或条件。

1. 企业关系

企业关系成就后，自主管理才会初步得以完成。因为企业关系创造了员工的高度自律与自觉。

2. 企业文化

企业文化造就了自主管理氛围，使自主管理得以建设人性、建设企业，在完成企业技术目标时，完成企业五型化目标。如果没有良好的企业文化，自主管理就很容易变成自主经营或形成自私自利的圈子。

3. 企业理念

理念与文化不同，理念具有针对性和目的性。自主管理需要有正确的理念来取代人性中的不良信念。自主管理，让更远更大的目标取代急功近利。

4. 企业内的公平与道德

企业内一定要建立公平。公平其一来自管理机制，其二来自具体行为。

没有公平的企业，或在具体行为上不能体现公平的企业，是无以谈论五型化建设的，也无以以公平体现文化与理念。而且，不公平的行为与言语，将直接伤害文化与理念，令文化与理念、制度等失效。

5. 制度

自主管理并不是随心所欲。在实际中，企业的自主管理问题不是制度薄弱，而是制度太过健全，自主管理太过依赖制度。

在自主管理中，实际上企业所秉持的是企业文化、企业理念及企业关系这些元素，而制度的刚性显然在某种情形下伤害着企业关系，从而很难显示出自主管理建设人性的优越性。

那么，制度如何在自主管理中进行定位呢？自主管理是员工具有高度自觉性与主观能动性时，企业倡导的开放式管理，并希望在高度的文化下，员工自己管理自己，再以此为基础建设人性、提升创造力、缔造并及时更新企业关系的一种管理理念。因此，在传统企业中制度作为体现企业最不可通融的部分，显然在五型化的自主管理中并不适合，并且在五型化自主管理下的制度含义也与传统企业不同。

（1）使用主体变更。

制度制定主要是让员工自我检视。执行主体是员工自己而不是企业管理者。与传统企业相比，使用主体改变了。

（2）制度制定的本质改变。

制度具有刚性外表的同时也具有弹性的内涵，即制度内容有了实质性的改变。

（3）制度的意义变了。

也可以说是制度的立场变了。表现在：其一是制度的权威性不再来自或体现管理者的权力，而是制度可能来自员工自己，权威性体现在来自员工自我对制度的认知；其二是制度的建设性加强了，即制度对于人性具有建设性，而不是伤害性。

（4）制度的作用。

制度不再是以物质的惩罚为主，不再是为了规范企业秩序，而是成为企业文化的附属，以权威性促进员工的自觉性、主动性甚至是创新性。

6. 奖惩措施

在五型化中，狭义上的奖惩并不比广义上的奖惩更加重要，甚至可以说广义的奖惩弱化了狭义上的奖惩。

广义上的五型化奖励包括文化建设、理念建设、公平建设、道德建设、人生建设、企业关系建设、员工职业生涯规划、员工教导、家庭访谈、技术培养及学习倡导等。广义的五型化中，广义上的奖励更值得管理者依赖。奖惩具有伤害性，但奖惩非常必要。在奖励中，广义的奖励更重要；在惩罚中，狭义的惩罚更重要。在五型化的自主管理中，可以惩多于奖，并且可以实行严法苛制。

在五型化的自主管理中，从广义的角度而言，奖励可以是诸如培训与学习，在管理中体现；从狭义的角度而言，在处罚时，以公示的方法、以严厉的手法进行惩罚。即一旦犯了不可饶恕的错误，坚决不通融。不可饶恕的错误，即是指在人格上而非人性上的错误，比如偷盗、诋毁、说谎、妒忌、不负责任、不孝顺、无爱心、不学习、有圈子行为与倾向及藐视同仁等。

四、自主管理班组建设制度内容

1. 班组建设目标

目标是建设制度约束下的全员自主管理、自主创新型班组。成功建设好“技能型、效益型、管理型、创新型、和谐型的‘五型班组’”。

2. 班组文化建设、班组团队建设

（1）班组文化建设。

包括班组文化园地（员工思想意识动态、生产目标考核、员工自主改善发表）、合理化建议、排忧解难小组等，即时激励、“拍肩膀”、集体生日及比武练兵等。

（2）班组团队建设。

包括班组团队愿景与使命、班组团队核心价值观、班组小集团活动、班组课题改善发表及班组访谈等。

3. 班组长“胜任能力模型”的建立

班组长必须掌握的十大现场管理方法：生产工艺流程、6S 、OJT 、IE 七手法、QC 七手法、三检体系、QC 小组活动、提案活动、80:20 原理及 PDCA 循环等；班组长必须具有的 10 大职业素养：积极的心态、企业认同感、优秀的职业人、职业生涯规划、高效的执行力、团队知识、有效的沟通技巧、高效的时间管理、人际知识技巧及职业礼仪礼节等。

4. 班组日清管理制度的建立健全

（1）班前准备工作标准。

（2）班前会议工作标准。

（3）班组周质量例会工作标准。

（4）班组生产组织工作标准。

（5）班组员工培训工作标准。

（6）班组质量控制工作标准。

（7）班组 QC 活动工作标准。

（8）班组工艺宣贯工作标准。

（9）班组物耗管理工作标准。

（10）班组劳动纪律工作标准。

（11）班组生产作业计划工作标准。

（12）班组设备管理工作标准。

（13）班组 6S 管理工作标准。

（14）班中控制工作标准。

（15）班后总结工作标准。

（16）班后会议工作标准。

（17）交接班工作标准。

5. 优秀班组评比制度的建立健全

优秀班组、优秀班组长评比制度的建立健全，如对合格班组、优秀班组、卓越班组、自主管理班组的评比等。

6. 班组绩效考核制度的建立健全

建立以绩效为导向的《班组长职位说明书》。

班组绩效考核制度的建立：

（1）班组团队目标的制定。

（2）班组员工目标的制定。

（3）目标、绩效考核数据的统计。

（4）目标、绩效达成追踪与呈报。

（5）目标绩效考核结果的应用。

（6）目标考核结果的排名。

（7）目标考核结果的看板公布。

7. 班组目标的目视化管理

每天所实现的目标填入《目标管理图》中，每个月作一次统计汇总，对出色完成任务的班组予以表彰奖励。

班组目标管理主要包括质量、生产 、设备、成本、环境、士气及安全七个方面。

8. 班组 6S 活动与 TPM 活动开展

在班组内深入开展 6S 与 TPM（Total Productive Maintenance，即全面生产维护）活动，通过 6S 与 TPM 的实施，为班组建设打下牢固的基础（以整理为基础，实现明朗化；以整顿为要领，实现定置化；以清扫为精髓，实现洁净化；以清洁为标准，实现规范化；以素养为核心，实现持续化）。

9. 班组员工、岗位训练制度

技术教育计划及实绩、OJT 教育实绩、小组团队活动（如“羚羊奖”、“蜗牛奖”）、OPL 培训实绩—one point lesson（单点课程，又称“一点课”，或“我来讲一课”，即在任何时间、对任何问题、由任何人、采用任何方式、在任何地点进行培训）。

10. 持续深入的创新活动

班组创新活动分为个人提案与“合理化建议小组”集体提案，建议拍成照片配上文字展示在看板上，并进行质量等级的划分。经常在车间开展班组与班组、员工与员工的提案改善竞赛，每月定期张榜公布各班组、各员工改善提案的排名。每月公布“提案之星”、“提案参与率龙虎榜”、“提案人均改善件数龙虎榜”。每月举行一次“员工自主改善发表会”，有改善的员工发表改善案例，没有改善的员工发表没有改善的原因，促使班组的改善活动由“强制管理”逐步过渡到“自主管理”。

五、自主管理方法

1. 怀全局思想行局部之事

先在一个班组开始行事，但是企业必须怀全局思想，即企业要全部进行自主管理。

2. 以企业关系建设开始，并以企业关系为标准开始自主管理

万变不离其宗，企业关系是五型化的基础和条件，同时也是自主管理的基础和条件。

3. 实施企业战略战术化

表面看来，自主管理多半是发生在现场的班组行为。但实际上企业的一切行为都是自主管理的内容。自主管理涉及企业思想、企业理念及企业文化等。

自主管理不只是服务于企业技术，更多的是为企业战略服务，并且为企业理念、为普世价值观服务。

自主管理，不是让员工知道自己应当做什么、该怎么做，而是让员工知道要想什么、要怎么想、为谁想什么、为谁做什么。

六、自主管理的禁忌

不要过分寄望于制度、考核、控制。

自主管理，是企业对员工缔造的愿望在管理上的表达。因此，不要以制度缔造自主管理，制度、考核永远不可能达到自主管理的目标。制度与考核往往会让企业从技术层面着手，从而令制度、考核体现了与文化、理念、自主管理建设人性的本愿格格不入的思想。

七、不要让组织中存在闲人

企业或班组无时无地不存在一些闲人。这些闲人就像是计算机病毒制造者一样，似乎从理论上不能够解答他们为什么会那样做或以那样的形式存在，但事实上，无论企业管理如何先进，闲人永远窃踞着一个位置。

闲人的存在，是不公与自私向公正与公德发出的宣战书，是企业的一个看不见而重大的乱源。

八、自主管理误区

认为自主管理即放纵管理。自主管理，不是不管，而正是企业走向加强管理的表现。人们对自主管理的界定不准确或不理解自主管理的文化意义和自主管理的真谛，才会误解自主管理。自主管理被认为是放纵被管理者，是因为自主管理选择的是一个与传统管理不兼容的管理理念。

九、自主管理与标准化的关系

如果说自主管理引导班组走上创新之路，那么标准化就是前进路上横向的方格了。

自主管理，并不是随心所欲，而是在高度文化化、高度自律、高度责任、高度技术、高度效率与具有很强的成本观念、效益观念、标准化作业和作为标准化的基础上才形成的。

如果班组没有标准化管理，那么班组也就没有自主管理可言。

但是，自主管理并不是班组建设的一个阶段，自主管理也并没有任何班组特征，这一点很重要。尽管自主管理看起来存在诸如责任心、良好的企业文化、娴熟的作业能力、高度的自我约束力等，但这不一定是必需条件。自主管理正是在达成上述目标的基础上形成的，并且是促进包括自主管理能力在内的所有企业目标达成的手段和来源。

第十四章　五型化实施七大误区

在建设五型班组、企业五型化过程中，企业必须发现误区并消除误区，然后才可能建设五型化企业。

一、五型班组建设从班组开始

班组五型化实际是企业五型化的别称。但许多企业在实行五型化时，则是把企业五型化理解为一个物质层面的、具体的、可视化的、可以量化的任务，让班组去完成。发生这种情形的原因包括：

（1）对五型化本质的精神、文化本质没有搞清楚。

（2）基于对传统的、僵化的企业管理理念和方式的理解，而不认为企业五型化首先是企业决策层应当参与的事，也不认为企业五型化首先应当在企业决策层或企业高层展开。

（3）基于提高产能和控制的目的而引进五型班组活动。

二、班组五型化建设关键在班组长

出现这样的误区，实际上依然是对五型化本质认识不清。认为五型班组建设从班组开始的企业，往往也同时认为五型化建设就在班组。出现这一现象的原因包括：

1. 班组管理能力提升就是班组五型化建设

这是把五型化当成一种管理工具的结果，更是一种误解文化之于企业的原因。同时，也是一种从未思考过企业真正做大做强指的是什么的表现。

2. 企业五型化建设从选一个好班组长开始

这种误区表明企业管理者不仅不认识五型化，而且对管理也毫无认知。

3. 授权班组进行班组建设

五型班组建设并不是一个简单的授权，或者说如果有必要，应当改称为权力分配更为恰当。因为五型化的重任应当由决策层担当而非在下层，更不应当在班组。诚然，合理的权力分配是五型化建设的一个环节。但是如果五型化建设没有均衡发展，授权或分权就显得十分盲目，这样的行为不仅不能够参与五型化建设，而且可能破坏五型化建设。五型化建设只有进行到一定阶段或具有一定成果后，班组才应当享有完全的考核、绩效及奖惩权力。而且这样权力的完全应用，应当有能力对企业整体五型化的建设负责。

三、企业宣传班组建设成为班组建设的一部分

事实上，班组五型化建设根本不需要进行任何宣传或动员，甚至不需要决策层在之后作出什么计划。当决策层完成自身的五型化后，企业的五型化过程已经走完了一半路程。

四、班组五型化建设是班组的事

班组建设不是班组的事，甚至相对于企业而言，班组建设与班组并没有太大关系。班组建设是企业上层建筑的大事，是企业决策层的特定任务。毫不夸张地说，五型化建设针对的是高层，自我五型化应当首先发生在决策层。

班组五型化计划应在高层、实施在高层，然后指导、引导下层进行。班组五型化建设的本质和特性决定其是一项自上而下而非自下而上或自下而下的事情。

五、五型化目标是班组

班组和企业内任何组织运作、班组技术层的进步都不是重点，决策层与员工的价值观转变才是重点；行为是次重点；思想革命性转变是重中之重。

班组不能塑造成员，企业也不能对员工加以塑造，企业唯一能做的是塑造自己，然后影响员工。

企业要带动员工与普世价值观进行吻合才是重点。五型化没有具体

可以提高班组技术层面的能力，但五型化后，企业的员工能被激活，这才是五型化的目的。

第十五章　浅淡现场执行力

执行力，被企业举荐为核心竞争力，多数管理者力求在企业管理中，打造独一无二的企业执行力。在强调企业执行力的时候，表明人们对企业文化的轻视或知难而退的打算或事实。因为执行力是根植于企业文化的，文化为本，执行力只是企业综合素质的外在表现之一。没有文化，执行力也就无从谈起；有文化，执行力自然就会提升。执行力多半在于人的主观能动性而非企业技术层面的管理方法问题。

一、什么是企业执行力

执行力，就是人们把计划进行贯彻的意志和能力，而企业执行力，则是具有企业特征的对计划贯彻执行的主观意愿和实际能力。首先是主观意愿，然后才是实际能力。执行力与制度相关，但不取决于制度；执行力与领导相关，但不取决于领导；执行力与激励相关，但不取决于激励。执行力取决于企业理念、价值观是否具有普世性；取决于企业与员工在多大程度上理解和互建普世价值观；取决于企业行为和员工行为针对个体的人是否可以增进对人性的建设。

企业执行力包含三个层面，即战略、战术与一线执行。其中一线执行，也可以叫指令性执行，它是其他执行的基础。企业执行力在任何单一层面的进步，都难以构成执行力的真正提高。

二、执行力批判

1. 企业必须对社会文化具有明确批判，从而形成执行力

企业执行力中的战略执行力包含企业理念和企业价值观。打造企业执行力，必须更正目前流行于企业的无信仰、无普世价值观的现象。

2. 理清企业管理概念

（1）执行力被夸大了。

执行力是企业文化的一个结果。当企业运营良好的时候，执行力的

提高是自然而然的事。把企业综合素质得出的结果单独抽出来进行提高，就像不讲究在结果之前对树的栽培，而只注重出售前对果子的外包装，着眼于精心粉饰一样荒唐可笑。果子虽然包装得好，但是包装是要扔掉的，人们始终是要在撕烂的包装里面剔除坏果子的，包装代替不了里面的果子。此外，作为执行力必要条件之一的目标管理，它与执行力并行甚至包含着执行力，它与执行力一样根源于企业良好的文化。不适当地重视执行力，不仅达不到预期目的，而且在着重执行力的同时，还轻视了其他管理步骤。执行力，只是企业管理中的一个不太大的侧面，如此重视，皆因多数企业在管理方面不能上溯至文化、信仰、价值观，而舍本逐末。

（2）执行力的核心不在于方法、技巧、能力。

我们总是力求在方法、技巧、能力方面寻找执行力，而放弃最本质的东西——主观能动性。追求方法、技巧、能力、表面，成为多数企业的常态，因为这样做简单而显效。但是，真正的执行力提高，在于企业综合素养的提高，要讲究执行的持续和实效。显效明显而快，但难以持久，往往在显效之后，很快就失效了。漠视信仰的关键和永久作用，不注重精神建设，抹杀企业和员工的精神需求，以简单的物质需求代替复杂的精神需求，是社会上一些错误价值观带给企业强大的负面影响。

（3）执行力与制度相关，但制度与执行力无关。

在许多学者和企业家看来，执行力来源于良好的制度设计。显然这是对执行力泛化理解的结果和对执行力主观能动性认知的不足，也是在认知执行力时舍本逐末，只见客观能力而不见主观能动性。即使是制度在起作用，那么如果企业不具有普世价值观认知，企业便难以设计出符合人性需求的制度。即使照搬了先进的制度，一个没有精神生活的企业，恐怕也只会以物质的手段检验先进的制度，从而并不能达到预期效果。制度来源于人，所以制度必然具有天生的缺陷；制度又使用于人，所以制度必然要具有可变性。一个死的制度，很难成就存在于人内心的执行力。

三、企业执行力存在于文化层面而非技术层面。

企业要求员工具有执行力，基本的条件是企业要做到让员工愿意留下来并愿意把工作做好。做到这一点，企业才够资格谈执行力，否则就是纸上谈兵。可见，执行力多半不是员工的事，而是企业决策层的事，起码首先是企业决策层的事。

建设企业执行力是一个系统工程，当以自由为中心，在体现博爱、公平、正义、员工权利的制度下进行。建设重点在班组，操作在于决策层。班组的事，即企业的事；班组建设，即企业建设。企业战略在班组，即企业战略始终在于人心而不在人事。抓住员工的心，就完成了企业战略；完成了企业战略，就提高了企业执行力。

四、令企业执行力下降的原因

1. 家族成员与外聘者之间的矛盾

许多企业，常常存在企业看护者角色，这或许是企业主有意为之。与此情形伴生的类似现象是，企业决策者打破企业组织秩序，明显与某类职位（比如生产经理、采购经理）或人员，具有超乎寻常的亲和力。在这种行为的外延下，受青睐者往往又与一些人形成不寻常关系。这样的关系，并不直接破坏企业的执行力，但是这样的关系或以隐秘或以公开形式存在，极大破坏了企业良性秩序，在员工心理上形成畏惧并错误地引导员工认知，影响着企业良性管理秩序和文化建设。

2. 老员工和新员工之间的矛盾

在劳动密集型企业中，人员流动性大。留下来的员工，往往得益于某种特长，或与老板、高层具有某种特殊关系。于是老员工往往形成圈子与新员工对抗。有的企业老员工更是喜欢打听新员工的薪酬待遇等，如果发现新人的薪酬待遇高于自己就会产生心理不平衡，将自己分内的工作推给新员工，将责任、问题推给新员工，使得新员工无所适从，长久如此，新员工也会知难而退。这种“劣币驱逐良币”的现象在很多企业都会存在，是团队执行力建设的毒药。

3. 本地人和外地人之间的矛盾

本地员工，往往具有一种地理上的优势并在忠诚上占据一定优势。本地员工，家在本地，因为地缘关系，管理层对他们表现出相对的宽容，从而在不自觉中伤害了企业的执行力。另外，本地员工因为相对稳定，与企业在长久的相处中雇佣关系情感化，在决策层中普遍存在好感。当外地人与本地人同时存在于企业时，本地员工一旦受到利益与情感上的损害，便会自觉结成团伙与高层达成沟通，压制外地员工。这样也会使企业的执行力受伤。

4. 企业在经营中会用到许多关系

一些处于基础性关系的伙伴，会有意无意地在人事或管理上干扰企业经营。企业在这些小事面前往往会选择妥协，企业执行力便被削弱了。

5. 企业能人对企业执行力的破坏

技术大拿、关系大拿形成“大厨”，他们往往有感于企业有求于自己，稍有不满，便会挟技威逼。这类人对企业制度的破坏，往往是有意而为之。

五、以公众式托管，打造企业独一无二的执行力

公众式托管，并不仅仅是决策者对员工的信任，更多的是基于普世价值观的一种必然行为。同时，也是企业文化建设形成个性后的必然选择。因为公众式托管意味着员工在对企业强烈认同感下，具有强烈参与企业事务的愿望。员工不仅意识到自己所做的能直接让自己获得物质上的利益，同时恐惧企业利益受损时自己的利益也同时受损。抛开物质层面，员工具有强烈的精神需求，他们需要在参与中让精神获得满足、让自己获得自由，并因此成就自我。

公众式托管在企业中主要针对的是一线员工。目的是在托管之下员工对自我管理并处于高度自觉中。他们能不折不扣地理解并创造性地完成企业下达的各项生产任务，且因不断丰富的经验而具有不可被忽略的资格参与企业战略设计和对企业决策具有绝对够资格的发言权。

1. 决策层如何认知班组的公众式托管

在企业基层完成公众式托管，并不是无条件实行的管理举措，而是企业必须在普世价值观认知下，才有可能成就的管理举措。普世价值观，是指对人自由性的认可，并认可人生意义的基础是自由。围绕自由，具有平等、博爱、人权观念。更进一步，即指承认自由乃天性，人们因自由性的发挥，才能真正认知自我、自然、社会、信仰。在这样的普世价值观下，决策层才能认知与员工的关系，并处理好与员工的关系，才能在显性关系外，使隐性关系发挥作用，才能认同员工是企业的一分子。

普世价值观，是人与人缔造最终关系的唯一基点，是企业说服员工与说服自己的唯一理由。

企业应该明白一个道理：要让员工有归宿感，企业才能形成核心竞争力，企业才是一个有未来的企业，企业才是一个能够焕发生机的企业。若不是如此，企业只是一个人的企业，即只是老板的企业。一个人的企业，是不能和一部分人的企业以及全社会的企业对抗与竞争的；一个人的企业，不能够赢得更大的市场；一个人的企业，就是一个没有明天的企业；一个人的企业，实际名存实亡，不能算一个真正的企业。

但大多数企业，却不会真正把员工当成企业一分子。于是，大多数员工也不会有归宿感，除了显性契约中标明的工资外，不会奢望企业能给予自己更多的东西，同时也绝不会为企业做工资、工作交换之外的任何事。

2. 依托班组进行公众式托管

现场必须具有公众式托管的思想、胆量、举措，企业才是一个生机勃发的企业，企业才会有明天。公众式托管，不仅解决了生产问题、管理问题，最终还解决了企业战略问题，也是企业走向国际化大企业的通道。现场的公众式托管，不只是物质层面的，同时也是文化层面的。公众式托管，就是把企业交给企业所有成员，真正达到群策群力、万众一心。

班组即现场，它不是企业的大脑，却是企业的心脏。但是在传统企业思想观中，往往对班组不重视，这从非常不合理的薪酬结构就可以证明。

轻视班组来源于对人的轻视，一个对人轻视的社会和企业，必然是一个问题百出的社会和企业，必然是一个失信的企业。对员工不好的企业，必然会呈现出外部问题。

3. 如何进行公众式托管

（1）批判世俗，树立普世价值观。

公众式托管，是基于富有个性的企业文化中的。它的存在，并不是想当然的标新立异，而是在普世价值观下，一种新型的企业关系重塑方式。但企业内存在的普世价值观和个性企业文化，在与社会文化、传统文化根本相抵触的情形下，理所当然要以批判社会的、世俗的文化为建立和巩固企业文化的方式。对比，才知道优劣；批判，才能于混沌之中明晰真要。没有批判，便没有确立；没有批判，就没有对是非的判断；没有批判，便会让个体的企业文化混流于社会混浊的文化中。

公众式托管，不仅是要在批判世俗文化上建立富有个性的企业文化，而且要求其建立强大的企业文化以适应公众式托管的管理方法。

（2）让员工有归宿感。

在多数企业中员工的精神生活极度贫乏，相应于企业自身的企业生活，亦一样贫乏而空泛。这种现状，是企业试图以公众式托管来运营企业的大敌。如何让员工针对企业具有归宿感，如何让员工与企业在互动中具有归宿感？显然不在于问题本身，而在于企业秉持的企业意义、理念、价值观和目标。

（3）理解自由并给予员工自由。

自由不是一种理念，而是人的天性。自由，并不像常人理解的开放纪律、放任私欲。恰恰相反，自由的本质不表现在人行为的表面，而表现在人的精神与灵魂上。

要让员工的灵魂和思想获得自由，自由让人性获得建设。捆缚使人性堕落。捆缚是对员工的生活不加引导，放任员工素质处于低阶位，让员工做事出于本能而缺少理性，没有设法帮助员工建立信仰等。

（4）让员工学习与工作无关的东西。

企业往往形成这样的偏见：禁止员工学习与工作无关的东西。企业忽略一个事实：素质培养，往往是与工作无关的爱好造就的。企业如果希望员工不跳槽，为什么不在根本上对员工施以良性的改变呢？

（5）把员工当成企业股东并解决员工的问题。

企业如果出现管理问题，只要认真审视，不难发现企业管理者才是问题的根源，而非员工。如果企业能做到在态度上把员工当成企业的股东，那么企业一定能吸收员工才智并得到员工的支持。

（6）岗前培训并慎重选择出优秀员工。

员工上岗前一定要经过培训。培训并不是目的，即不是为了员工具有相当的技能和必需的知识，更重要的是要体察求职者的内心。

（7）制度。

制度的最终目的不是惩罚人而是建设人性。但是，我们见到的大多数企业规章制度，不仅设置的目的就是惩罚人，而且这样的制度还沦落为一种人治之下的补充，即制度失去了其应有的神圣性。制度应当体现自由、建设人性。制度之于企业，其职能既有凌驾于企业之上的部分，也有顺应企业本来秩序，服务企业的功能。即制度的制定原则，一定不能违背企业价值观并能表达企业价值观、理念。但制度在适应企业文化、适应生产力的发展、适应企业形态方面，是可变的，甚至必须做到可变，变才会适应，才是合理。制度只有成为企业生态的一部分，才具有生命力，制度是不会在一块空地上存在的。

制度的制定，并不是简单的事，起码在中国的企业更加复杂一些。要针对人性弱点、坏习惯、坏毛病及坏思想等，在对更加强势的制度予以规范的同时，需要更加体现自由的、大爱的、非生产性的生活方面的制度，以此来体现来自企业关爱，借以抵消苛刻严谨的厂规。制度要随时调整，弹性地适应员工的改变，传达制度的善良用意，必要时要进行制度解释。

现场的公众式托管，让员工制定制度，高层首先要了解制度要改变什么、达到什么目的，然后才有探索制度成因的意愿，才能更进一步知道，为什么在公众式托管中，倡导员工自己制定自己的制度，决策者也才知道在公共式托管中，决策者不是不做什么，而是做得更多——整个制度制定的思想、前瞻、期望，即制度的总设计师仍是决策者。

我们来看一下一家企业制定的制度：

第一条：为了加强管理，完成各项工作制度，促进公司发展壮大，提高经济效益，根据国家有关法律、法规及公司章程的规定，特制定本管理细则。

第二条：公司全体员工都必须遵守人事章程，遵守公司各项规章制度、决定及法律。

第三条：公司财产属于全体股东所有。公司禁止任何人用任何手段侵占或破坏公司财产。

第四条：公司禁止任何所属机构、个人损害公司的形象、声誉和稳定。

第十条：公司倡导员工团结互助、同舟共济，发扬集体合作和集体创造精神。

现场制度，绝不要有公司制度的假、大、空。上述制度制定后张贴出来，不仅不能建设人性，还可能招人反感，让人从这样的八股文制度上看不到公司存在任何生机和希望。

一线员工需要遵守的制度，由一线员工自己制定，改变过去制度由上面制定的规则。一线员工在制定适合于自己遵守的制度时，具有座右铭作用，于情于理，更有利于制度以制度的形式，告诫自我、反省自我。

一线员工制定制度，当然要秉持明确的目标，并体现公平、正义、博爱原则。

员工的利益与企业利益能够和谐地统一起来，员工的责任和企业的责任互相分担，是班组自我制定制度的前提。

让一线员工自己制定自己遵守的制度，在企业整个制度中必定存在冲突。所以，企业让一线员工自己制定自己遵守的制度，仅是从制度开始革命的第一步。制度变革，让制度不仅适应企业发展的需要，而且还要成为制度改变企业的契机。最终，形成人性化的制度，展示制度存在的神圣性和魅力，让制度文化演变成企业文化的核心。

（8）薪酬自定。

相对于自定制度的另一个方法是薪酬自定。企业可以设定几种相应于一线员工承担相应责任、工种、工作量的薪酬种类，供员工自己选择。一种是传统的，即底薪加提成制；一种是保证品质的同时，低底薪高提成制；还有一种是课题攻关兑现薪水。在这样几种安于平稳和传统类的薪酬类别与勇于挑战、不安平庸的工资类别共存下，一线员工自我选择后，在自我负责的同时，又具有高度的对企业负责的精神。执行力得以大大提高。

（9）职位自定。

一些基层的岗位，可以在民主的氛围下，自我选择。自我选择结果，相应于工资报酬，平复了一线员工中因存在不公而带来的工作态度不端正的现象。在职位自定的管理项目中，最重要的不是职位决定工资，而是依工作的难易度决定工资。班组长职位，应打破普遍工资高于组员的传统。

显然，在职位自定中，企业不需要担心因管理职位竞争而让班组管理失范。在一个公平的现场环境下，要相信员工自身比任何人更清楚自己能不能胜任该工作。

职位自定，这样的管理具有更高实施前提，即员工素质普遍较高、自我约束和认知能力较强、企业文化显明、企业与员工共同找到了普世价值观并形成接合部、稳定的员工队伍等。

(10) 目标管理。

现场的公众式托管，要有明确并细致的目标。目标必须是可以衡量的，必须是可以达到的，必须和其他目标具有相关性，必须具有明确的截止期限。

(11) 人力资源问题思考基础。

人力资源，往往会因组织体系建设、薪酬体系建设、绩效体系建设、人事管理体系建设等的缺陷，而专注于在技术上的探讨和解决。

(12) 检点。

公众式托管并不是现场员工的大包大揽。公众式托管，是要建立比传统管理更具有优势的企业秩序。所以，检点与目标管理，成为公众式托管的基础设施。

六、在企业和员工的双重改造中成就公众式托管

从一个企业如何看待自己的员工，可以看出企业品质好坏，从而也可以看出，企业是否可以永续经营。员工是企业价值观和信仰的体现。企业应当在改善员工文化的同时改造自我，在以经济为目标的同时，把自我精神改造也当成目标。如此，在企业自我精神成就的同时，成就企业物质目标。

执行力，不应当大而广地涵盖企业管理所有的项目。执行应当精确地指向为具有企业特征的、对计划贯彻执行的主观意愿和实际能力。此外，员工或决策者同时对贯彻企业计划、宗旨、普世价值具有主观上的坚定性。

第十六章　现场在文化差别保障下成就

现场管理是企业管理的重中之重。失败的现场管理，标志着企业管理整体失败，即使是原来看上去很有可能跻身世界大企业行列的企业也将渐渐陷入萎缩。

一、文化差异

文化差异即指文化上的差别。文化差异可以来自民族、国家及地区，也可以因人种而异、因制度而异、因历史而异、因地域自然特征而异，还可以因语言背景而异。

文化差异往往进一步产生精神、制度、行为、产品等方面的差别。

在企业内，文化差异在管理方面更加突出地表现出来，令我们不得不探讨差异本身外，更要追本溯源，从复杂的差异中梳理，达到管理的一致性与差异性并见，让管理力求在合法、合理、合情中，完成企业各层次目标，从而完成企业使命。

文化差异是在特征上进行表达的，并表现在行为和思想上，如自我感和空间感、沟通方式和语言、服饰与仪表、食物与饮食习惯、时间与时间观念、人际关系、价值观和行为规范、信仰和态度、心理过程与学习内容、劳动习惯和实践行为等。因此，企业管理必须正视文化差异，而不要以制度强制消除文化差异，这样在伤害员工的同时也伤害了企业自身。

在企业文化建设中，人们也往往忽略文化差异，并且也没有把文化差异整合当成企业文化建设的重要内容，致使企业管理于无形中形成一个看不见的缺口。

二、文化差异讨论前提是文化共性

文化差异的探讨前提是文化的同质化和管理的同质化，否则于企业管理而言，谈论文化差异性便毫无意义。也就是说，文化在具有很大的不同的时候，文化存在根本的同一性。因文化根源于人性，又服务并满足于人性，文化的同一性就是文化中对普世价值观从确立到认同再到执行的过程。文化的同一性来源于人性，并且也说明文化的功能。

文化的同一性与差异性不是对立的，而是互相依存的、共建的。企业管理只注重制度，只强调硬性管理，实际上便是对文化本质上的曲解。认知文化共性，想要在企业文化中实行企业使命，想要企业根本发展，就要先从认知文化的差异性开始。差异性下的“合金文化”，令企业管理更具优势。

三、文化差异如何影响企业管理

文化差异导致的管理问题，影响着企业管理方式、内容及管理模式、走向、效果、效率和成败。

从比比皆是的企业中，我们可以很好地看到母文化的影响。

就美国文化对美国企业管理的影响来看，美国社会文化的自由性扩展到美国各个领域，并在自由的影响下形成平等、博爱、尊严、人权、公义、道德的文化氛围。美国人深知自由会建设人性，并在这样的社会核心理念下，成就统一在个体之上的社会、国家行为意义。

美国企业管理根源于文化背景、历史传统、资本结构。美国企业呈现的是科学主义、人文主义、原罪思想和防范管理、契约资本。美国人以理性思维见长，因此他们在管理上的硕果应当以科学管理的逻辑主义为代表，他们的管理是以直接根据管理的需要而选择相应的管理方法以及变通见长。

美国企业管理以“法”为核心的管理模式与中国企业以“情”为核心的管理模式截然不同。这从美国文化或从美国企业管理方式中可以得到印证。美国作为西方文化熏陶下的国家典型，其企业管理是开放的、自由的。

在美国企业里，人们尊重个性化特征显示，他们注重员工个人价值的彰显。而这些正是中国企业所不具备的。美国企业，彰显着普世价值观：自由、平等、博爱。美国企业带有明显的契约社会痕迹，与中国企业相比，人与人之间很少有宗法伦理、等级关系。

美国企业管理特征为：规范管理、制度管理和条例管理。在美国企业中，我们能感受到精确、量化、分解、逻辑和规范。

日资企业又显然与美资企业或中资企业不同。

日式管理是中日儒家精神与西方管理技术、管理艺术的结合。

20 世纪 80 年代，日本创造了柔性管理。这种世界上最沉闷的管理方法的成功，得益于日本国民的工蜂精神。日本国民的民族性中，具有完全或完整世俗化意义上对成功的坚信。日本人轻视自我，极端注重集体。在人类的文明史上，日本“精神成本”、“精神损失”最小。大和民族把大部分精力应用于集体或民族的成就这一件事上。

在日本的企业中，也明显地受到这样的企业文化、企业精神的影响并从管理中完整地体现这样的企业文化，从而使进入日本企业工作的中国员工，也必须接受集体主义并充分体现集体对个体的情感关怀，以此平衡集体主义带给个体的伤害和个体主义带给集体的伤害。

中国企业的管理和文化现状，同样可以互证并说明以上文化与管理的因果论点。

中国企业管理，因人文文化、伦理文化、“家”文化原因（人家、自家、国家、大家），而忽略“法”的作用，偏向“情”的作用。中国企业在管理上，同样也如国家管理，不注重人的个人权利，而是以企业权利为重，因此企业常常会侵犯员工权利，并被企业主和员工都看为“正常”。

四、美国与日本企业文化与管理差别

美国的企业文化，是科学主义或者说信仰主义文化。美国是以欧洲移民为主体的国家，美国文化因此得以整合成最文明、最建设人性的文化新类型。

美国企业文化中具有开放、理性、法制、公平、创新等文化特征。美国企业注重法律和契约，同时，奉行个人主义与能力主义，员工在注重企业目标的同时，也突出地要求个人充分实现存在价值。但问题是个人与群体协调的成本较大。另外，美国企业信奉权威主义，即企业领导喜欢用权力影响和约束部门，但又很少见到下级联手反对上级。美国企业权、责、利分明，独立人格和个人主义及崇尚法制和契约精神等都能在理性和自律的管理活动中进行。

欧洲企业文化与美国企业文化有共同特征，都具有信仰中所表现的公平、正义、自由、博爱、平等。欧洲文化下的管理，上下级易于沟通，决策者注意倾听下属意见，民主管理比较盛行。

日本企业文化，相较于欧美文化和管理，显得比较特别。日本文化中基督文化普及程度不高，日本社会文化不是以大爱而是以小义或义气形成日本企业管理模式。日本的家族主义让日本人可以舍弃小家而成全国家意义上的大家或企业意义上的大家。日本员工很好地处理了管理中个人主义与集体主义的冲突，个人主义并没有因集体主义被置于首位而受到压制，相反集体主义下个人主义得到发展和同样的彰显。日本企业是“兵”文化，即集体主义的存在和形成，根本原因在于个人主义获得良好的成长。

管理犹如政治，治一厂犹如治一国。企业信，则员工信；员工信，则企业强；员工智，则企业智。反之，员工弱则企业弱；员工愚，则企业愚。信仰是一国之本，同样信也是一厂之本。有信，则立、则强、则智；无信，则弱、则愚。

五、差别保障就是信仰保障，就是企业保障

无论是中国本土企业还是外来企业，遇到的管理问题并不在技术层面，而在于文化层面。更进一步说，所有文化层面的问题，最后都会归结为信仰问题。信仰是建立文化的一致性和保障文化差别、促进与创新企业管理的唯一通道。

建立起信仰，就建立起了企业文化，真正拥有企业文化，就必然会注意到文化差别，也就必然在普世价值观的调和下，走向健康的、正常的、光明的企业建设之路。文化差别的现场保障，就是建立企业信仰，确立普世价值观。只有在企业中确立普世价值观、大一统的企业管理，才能最终既保留文化的一致性又保证文化的差别，才能令文化差别与一致性互存并进。文化差别的现场保障，成就现场、创新企业。

第十七章　沟通决定现场

沟通并不单指现场班组长与所属组员的工作沟通，在现代企业中，工作沟通只是整个沟通的一小部分，而大部分沟通是围绕着企业（但不是工作）展开的精神层面的沟通。建设完美现场，就要注重精神沟通，在沟通中，缔造热情的、真诚的、有目标的、有希望的工作氛围。

沟通不是单向流动的水流，沟通是双向的甚至是多向的。沟通是广阔的、是多元的。只有这样，沟通才能达到建设性目的，才不至于让良好的沟通意愿最后变成不愉快的、枯燥的、无益甚至有害的控制行为。

现场的沟通，是企业沟通的重点和难点。现场沟通好了，现场就会稳定，也就为更进一步的沟通打下基础；现场沟通不好，员工从班组长那里感受不到企业的善意，就会导致员工流失率增高，生产成本增加，现场管理失败。

一、沟通的新定义

一般企业的沟通带有明显的经济利益目的，也就是说，它的语言交流与信息传达是为创造经营价值而服务的，所以，企业沟通对于想谋求更大利益的经营者来说，一直被视为企业最重要的管理工作之一。事实上，这样的定义是不对的。企业的沟通，是围绕企业而展开的，但沟通的内涵却是要建立一种符合普世价值观的生活方式，并在一种健康的生活方式之下，为企业更好地服务。它必须摒弃“明显的经济利益目的”，让沟通成为一件长久的、例行的、愉快的事。

波音公司在1994年以前遇到一些困难，总裁康迪上任后，经常邀请高级经理们到自己家中共进晚餐，然后在屋外围着个大火炉讲述有关波音的故事。康迪请这些经理们把不好的故事写下来扔到火里烧掉，以此埋葬波音历史上的“阴暗”面，只保留那些振奋人心的故事，以此鼓舞士气。

康迪以真诚的、能展示自己个性的方式，缔造着良好的人际关系，让人们直接越过上司，更真实地感受到抽象的企业以具象出现，缔结着组织与个人的关系，从而打造完美现场。

二、企业关系变形是现场问题的主因

中国式人际关系、中国职业管理人的人际关系才能相对薄弱，一线员工因与主管关系不好离职率居高不下，一线团队组织结构高度不稳定等是一线完美现场的大敌。而在这些不良因素中，企业内关系的不协调是问题的主因。

在打造完美现场过程中，没有文化的企业往往把关键点定位于工作沟通上。企业不明白，完美现场的阻碍在于中国式企业关系；也不明白，现场需要多元沟通解决不良企业关系。现场问题，多半来源于群体而不是个体，沟通应从否定中国式人际关系入手从而打造正确的人际关系完美现场。

中国一直被看作是一个强调人际关系的网络社会。中国人的“关系学”，已引起世界社会学家、经济学家、管理学家、人类学家的广泛关注。尤其是近30年来，大批的外资企业进入中国，亲历了中国关系社会和文化迥异，更加感慨中国社会的与众不同。

用阿尔弗莱德·舒茨（Alfred Schutz）的术语来说，这种概念是中国人用以处理日常生活的“储藏知识”之一。梁漱溟也极为强调关系在中国人行为当中的重要性，他认为中国社会既不是如西方的个人本位的，也不是如某些人所说的整体本位的，而是关系本位的。专家对中国社会或中国人的描述说明中国人没有普世价值观、缺少大爱、不崇尚公义。这种情形在企业中极其明显地诠释着，或以隐性或以显性方式扰乱着企业的秩序和进步。

美国专家斯科特·派瑞（Scott Party）博士在过去6年中使用管理才能评鉴（Managerial Assessment）对中国7 000多位经理人进行了管理才能评鉴测试。结果显示，中国经理人的12项关键管理能力的平均得分按100分为满分，计为48分（48%），督导能力是41%，沟通能力是38%。结论是，中国管理者的人际关系能力相对比较薄弱。糟糕的管理层人际关系处理能力，令员工的低敬业度与高离职率在中国显得非常突出。

另一项调查显示，员工任职时间越来越短，相应离职率却越来越高，员工的平均离职率从几年前的6%～8%增长到了现在的14%～20%，而且在如此高的离职率背后，还有61%的中国雇员已准备好跳槽。如此高的离职率，大多是由员工和主管关系不良导致的。

如果企业只是强调打造完美现场，却对消除不良人际关系没有清醒认知，那么完美现场就是一句空话。事实上，认知企业不良管理行为、消除企业不良因素，比从正面努力打造完美现场，显得更重要、更具有本质性。

打造完美现场，必须放弃有害于企业的关系本位，以西方普世价值为企业文化核心，在员工各个方面均衡沟通，营造一个热情的、有自信和有尊严的、有信仰的、有具体希望的、有个人和工作计划的、没有恐惧的工作和生活氛围。

三、沟通实质的多元性

沟通的目的是消除不良的、隐秘的中国式人际关系，建设具有个体本位式的普世价值观核心下的公开公正的关系，沟通是为了消除显性与隐性冲突。如果一个企业不能把沟通泛化到精神的各个层面，那么具有局限性的沟通，就不会达到上述目标。沟通本身也就不具有战略性。

沟通应被看作是一种企业管理行为和企业文化建设行为。沟通不应在被动中形成，沟通的主动权应当始终掌握在管理者手中。沟通不应当看作是上级对下级施舍般的救济，而应当成为制度和评价整个企业战略的主要考查依据。

在以完美现场为目标的沟通中，最主要的沟通应当发生在企业组织的两端，即决策者与一线员工。其次为班组长参与的其他形式的沟通和发生在一线员工与直接上级的工作沟通。

沟通渠道有：员工与员工沟通、决策者与员工沟通、主管与员工沟通、上级与下级沟通、物质行为作为中介的沟通等。

沟通的内容有：理想、信仰、人生意义、生活目标、家庭生活、自由、恋爱、工作、技术、困难、思想、心得体会、读书、计划、公众话题等。

此外，应当在制度层面形成对员工理想的关注和帮助员工树立并实现自己的理想。事实上，很多企业不仅漠视员工的理想，一些管理人员甚至会对员工的理想进行冷嘲热讽。造成这种破坏企业文化和企业沟通战略的原因，其一是企业管理人员的个人素质低下；其二是企业没有企业文化。但我们要明确的是，一个想立足于世界的企业甚至想于逆境中生存的企业，除了依靠具有理想的员工外，还有其他的途径成就企业远大目标或于逆境中获得生存机遇吗?

中国的许多企业，很少有把信仰认知为企业文化的核心。事实上，一个企业不谈信仰，就等于免谈企业文化，这就像是一个人，如果没有信仰，他的人生就不存在真正的价值和意义一样。企业是缩小的社会和国家，企业与国家同质化，企业的成就在于企业的信仰。

中国企业的成就，必须从“信仰就是迷信”的误区中走出来，并获得普世价值镶嵌的信仰。

企业的信仰，首先应当以企业主的个人信仰为主要表现形式。因为企业的信仰和生活的缔造，显然来自企业主而非他人对企业的缔造。

员工的人生意义，也是企业制度性沟通的主要内容。

员工对企业的热爱和对工作的热情，是员工个人生活和社会生活、家庭生活、员工理想和信念、人生的意义认知诸方面相加后的表现。员工没有个人生活热情，就不会有工作热情。一个不爱自己、不爱社会、不爱别人、不爱人生的员工，一定不会是一个爱企业的员工。

在正面倡导员工个人生活的同时，必须要解决员工问题。企业通过与员工沟通，帮助员工达到这一点的同时，也提高了自身的组织文化能力。任何沟通的提高，在成功的同时获得的益处都是双向的而不是单向的，是实质的而不是虚假的。

著名企业中的沟通几乎与工作无直接关系，却与员工的心理健康、生活质量、理想与信念有直接关系。这些企业，帮员工制订发展计划、鼓励员工越级报告、动员员工参与决策等。这样的企业行为，才是真正的沟通并且是具有建设意义的沟通。我们可从下面几则例子中窥探一二。

爱立信是一个“百年老店”，每年公司的员工都会有一次与人力资源经理或主管经理的个人面谈机会，在上级的帮助下制订个人发展计划，以跟上公司业务的发展，甚至超越公司发展的步伐。该公司认为，一个企业要保持领先的地位，最重要的一点是员工的整体素质能够保持领先。

在惠普公司，总裁的办公室从来没有门，员工受到顶头上司的不公正待遇或看到公司发生问题时，可以直接提出，还可越级反映。这种企业文化使得人与人相处时，彼此之间都能做到互相尊重，消除了对抗和内讧。

日本三洋公司，曾经收购美国弗里斯特市电视机厂，日本管理人员到达弗里斯特市后，不去社会上公开招聘年轻力壮的青年工人，而是聘用那些以前曾在本厂工作过而当下仍失业的工人。只要工作态度好，技术上没问题，厂方都欢迎他们回来工作，被返聘的员工深受感动。

美国西思公司创业时，工资并不高，但员工都很自豪。该公司经常购进一些小物品如帽子，给参与某些项目的员工每人发一顶，使他们觉得工作有附加值。当外人问该公司的员工："你在西思公司的工作怎么样?"员工都会自豪地说："工资很低，但经常会发些东西。"

四、沟通不是技巧而是文化

我们一般容易误解沟通，以为沟通只是一个技巧问题，于是就会形成这样一个共识，挤时间进行沟通，把沟通看成是上级对下级的一种姿态，是上级树立"亲民"形象的一种方式，显然这种认知大错特错。沟通不是基于上级对下级的需要，而是基于企业价值观、企业观、人生观的需要。沟通不能作为上级意愿的表达出现，而应当被看成是企业与上级对企业成员的信念支持的需要和建设企业文化过程的需求。沟通不是可有可无，也不能把沟通世俗化。

五、沟通解决冲突

沟通解决隐性冲突与显性冲突。

沟通首先是通过一般性沟通缔造良好的企业内关系，从而达成企业战略；其次，沟通通过解决冲突保障企业战略。

冲突存在于企业内各个组织层面和各种事件中，冲突的起因可能是人们对事件存在不同看法，也可能是对于他人存在偏见。

隐性冲突，指人们对企业或对主管或对某一件事的看法导致人们对一些人失去信心，从而不再以过去友爱的心态去处理彼此关系。

显性冲突，指人们往往因为一件事，而与相关的人发生表面化的冲突。

冲突始于人性，难以避免。冲突是完美现场打造的天然绊脚石。但是，冲突是可以预防的、可以减少的、可以解决的，甚至可以制造良性冲突为企业管理服务。冲突本身的天然性，注定冲突的解决并不能以消灭冲突为目的，而是以解决冲突和利用冲突为管理目的。

沟通，是解决冲突的唯一办法。制度性沟通或决策层例行参与的针对隐性冲突和显性冲突的沟通，能获得最大效果。以沟通来解决冲突，对于冲突本身而言，唯一可以选择的是提高冲突质量，提高冲突向良性走势的比率。

六、沟通是企业战略

沟通是企业战略；沟通是文化建设和需求；沟通是最重要的管理。

如美国西南航空公司总裁凯勒尔了解到员工最大的担心是失业，因为很多航空公司都是旺季时大量招人，在淡季时则辞退员工。凯勒尔上任后宣布，永不裁员，他认为不解除员工后顾之忧，员工就没有安全感和忠诚心。从此，该公司以淡季为标准配备人员，当旺季到来时，所有员工都会毫无怨言地加班加点。

第十八章　五型化企业基本完成判别标准

基本完成了企业五型化进程的第一阶段，实际上就达到了五型化基本目标。而五型化基本目标，表达着企业具有初步的国际化雏形，也表达着企业具有实质性和现代性了。

一、企业关系缔造成就

1. 员工在企业的归属感

员工在企业的归属感表现在：员工稳定地存在于企业中，员工在企业中具有长远发展目标，员工对企业具有足够信心，员工的许多私人发展计划与企业联系在一起。员工在大多数时间里，并没有因为企业惩罚性的辞退措施而心生悲哀，反而为企业的每一个决定而高呼。员工相信企业内的公平与道德，并不会屈服于某一事件表现出的不公并受其影响，让企业改变对自己的看法并为了保全自我利益也同流合污。员工在企业中，没有感受到等级所带来的心理压力，也没有因为不良的管理而受到压迫；员工具有相对满意的薪酬和相对较好的福利；员工始终认为通过努力还有可能获得进一步的企业认可和物质收获，并对退休存在着希望。

2. 员工流失率

员工流失率下降并不会出现结构性用工不足。企业员工无论是技术性较强的岗位还是普通岗位，都比较稳定。

二、自主管理

1. 员工自主管理能力提高

员工主观为企业服务的意愿，较明显地存在于企业中。

2. 企业自主管理能力提高

管理成本下降、现场完成公众式托管、执行力提高、战术与战略互相促进、企业创新力较强、企业学习氛围较好。

3. 提案水平和质量较优

企业提案数量并不一定要多，企业不是被动地或制度性地进行提案，而是员工自觉发现问题并提出来。员工认为提案能满足自己与企业亲密关系的需要。

4. 企业发展壮大

企业规模发展壮大，企业实力发展壮大。社会能从企业承担的社会责任上，认知企业的发展壮大。

5. 决策层对自我和对企业都具有真实而现代性观点，且体现十足的描述能力

如果让决策层对企业进行描述，决策层描述得非常具有层次，并津津乐道企业在文化、理念建设多方面的心得，而较少谈及企业利润，这显然表明决策层从企业发展中，向员工学习取得了成就。

另外，在决策层的自我描述中，具有文化的角度和视野，并对企业过去、未来能够分层次进行阐述。比如，文化视野下的企业管理行为，文化视角下对文化的认知，对企业利润、企业资源的社会性利用，在信仰下的企业使命感的表述等。企业决策层也能够通过个人的人生价值观与个人行为视角谈到企业终极价值观。在自我阐述中，能够真实面对，并反映到企业现状描述中。

附件　企业自检自建核心内容和步骤

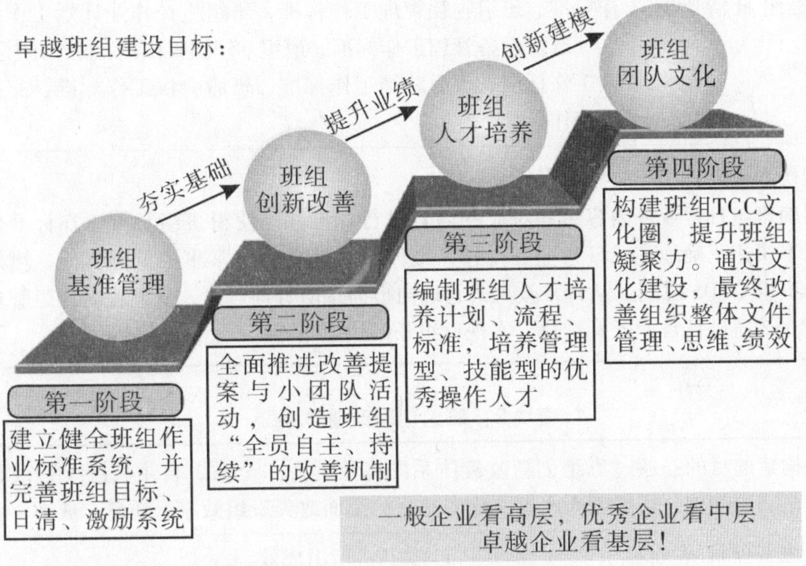

模块1：班组基准管理体系

模块构建的目的：通过班组基准建设，夯实班组管理基础，为实现班组管理流程化、标准化、规范化、精细化奠定坚实的基础。	
主要项目	产出成效
1. 班组组织及其职责	①班组成员岗位说明书。②班组长职位任职要求及其标准。③班组长竞聘制度。④班组日报、周报、月报、季度、半年度、年度总结制度及其相关细则（含相关表单）。⑤班组长述职制度。
2. 班组标准作业管理	健全规范班组岗位操作手册、设备保养标准书、安全作业标准书、质量检查标准书、工艺控制标准书，并运用岗位训练、检查与考核制度使班组员工按标准作业。
3. 班组目标管理体系	班组效率、质量、成本、安全目标考核系统规范化，从目标的制定，目标、绩效考核数据的统计，目标、绩效达成追踪与呈报，目标绩效考核结果的应用，目标考核结果的排名，目标考核结果的看板公布实现规范化运作。

（续上表）

主要项目	产出成效
4. 班组日清管理体系	建立健全班前准备工作标准、班前会议工作标准、班组周质量例会工作标准、班组生产组织工作标准、班组质量控制工作标准、班组物耗管理工作标准、班组生产作业计划工作标准、班组设备管理工作标准、班组6S管理工作标准、班中控制工作标准、班后总结工作标准、班后会议工作标准、交接班工作标准。
可期待的效果： ①明确班组日常业务内容，并对业务内容进行标准化，使得班组长可以在标准化指引下快速正确地完成日常业务工作，最大限度地减少日常事务处理时间，增加改善班组QCDS时间，从日常救火式管理向事前预防管理过渡，从而提高班组管理水平。②通过日常业务标准化，实现班组长的快速培养。	

模块2：班组创新改善体系

模块构建的目的：通过班组创新改善体系的构建，为“全员、自主、持续”改善奠定坚实的基础，通过创新改善文化的建立，全面改善班组效率、质量、成本。	
主要项目	产出成效
1. 班组提案改善活动	①建立健全“班组改善提案活动填写标准、提交流程、奖励标准、评分标准、效果金额折算标准”，并建立“全员、自主、持续”改善的流程标准与考核机制。②开展班组与班组、员工与员工的提案改善竞赛，每月定期张榜公布各班组、各员工改善提案的排名。每月公布“提案之星、提案参与率龙虎榜、提案人均改善件数龙虎榜”。每月举行一次“员工自主改善发表会”，有改善的员工发表改善案例，没改善的员工发表没改善的原因，促使班组的改善活动由“强制管理逐步过渡到自主管理”。
2. 班组TEAM小团队活动焦点课题攻关改善	①焦点课题选定、焦点课题计划书、焦点课题实施技巧、焦点课题报告书、焦点课题管理、焦点课题认定制度，充分掌握焦点课题的推进方法和实施步骤，培养出具有大规模工业化生产思维的人才，培养熟练掌握焦点课题改善方法与技巧的人才。②通过小团队焦点课题的攻关改善，不断改善班组内质量、效率、成本、安全，促进班组绩效的提升。

（续上表）

主要项目	产出成效
可期待的效果： ①成立员工创新经营小组，负责改善提出、改善落实、改善跟踪、改善闭环的管理工作。②制作创新积分卡。③建立创新推进平台。④制定创新即时激励制度。⑤制定创新考核制度，实施“改善创新参与率、改善创新实施率、改善创新人均件数”的目标考核。⑥推行“每周一案、每月一星”、“优秀课题发表”等活动。⑦将员工改善创新成果公开化、看板化，感受创新改善的成就。	

模块3：班组人才培养体系

模块构建的目的：班组成员是班组建设的主体，通过提升全员的工作技能及增强协作意识，实现班组整体战斗力的提升。班组长作为班组的领导者，其管理能力直接影响着班组的业绩，通过提升班组长的管理能力，使整个班组行动统一而高效。	
主要项目	产出成效
1. 班组人员能力提升	①建立班组长、质检员、设备员、安全员等班组人员的胜任能力模型与任职资格，建立以绩效为导向的班组长职位说明书。②清晰的班组长角色定位、提升班组长日常管理及异常处置能力、提升班组长沟通及激励下属的能力。
2. 班组师带徒制度	①建立班组拜师仪式流程、师傅带徒弟管理规定、师傅带徒弟协议、班组四会人才认证制度，编制《班组训练员手册》。②完善人才培育制度：培训资料编制、员工能力测评、OJT岗位训练员评定、传授与教导、员工技能竞赛、学习成效评估。
3. 班组人员技能认证	明确各工位作业要素、强化技能工与多能工培训，建立健全班组要素作业一览表、员工技能雷达图、培训基地训练制度及标准。通过建立科学的培训体系，大幅度提升班组作业的规范化与标准化，缩短员工技能的培训周期。
可期待的效果： 通过运用系统、规范、前沿的人才培育制度和工具，达到快速培育出合格人才的目的，最终建立起班组的“人才复制系统”，解决企业内部经验共享与传承不足，人员成长重复投资的老大难问题。通过行动学习、S－OJT、精益学习路径图等工具，缩短班组人才培养周期50%以上，并降低班组人才培养成本30%以上。	

模块4：班组团队文化体系

<table>
<tr><td colspan="2">模块构建的目的：整合个人价值与团队价值，构建班组愿景与个人愿景，引导全员朝共同的方向努力，建立可操作性的“以人为本”的班组管理，从而提升班组的凝聚力、向心力、战斗力。</td></tr>
<tr><td>主要项目</td><td>产出成效</td></tr>
<tr><td>1. 班组与个人的愿景</td><td>①价值观整合，整合后价值观清单。②建立个人愿景。③建立团队愿景。④班组标志、格言、理念。</td></tr>
<tr><td>2. 星级班组评价体系</td><td>从以下11项内容开展星级班组评比：班组基础工作及人员状态、质量管理、班组日清、物耗管理、合理化建议、员工创新及班组创新、岗位培训、班组文化活动、班组访谈、定置管理、否决项。连续3个月达95分及以上且每月有创新成果的为自主创新班组（5星）；达90分及以上且每月有创新成果的为自主管理班组（4星）；达85分及以上为免检班组（3星）；达75分及以上为信得过班组（2星）；60～70分为合格班组（1星）；其他视为不合格班组。</td></tr>
<tr><td>3. 班组园地看板设计</td><td>班组园地看板内容包括：班组组织体系图、班组愿景价值观、班组定置管理图、班组生产计划表、班组培训计划表、班组多技能工表、班组员工值日计划、员工绩效考评报表、班组员工改善提案、班组现场改善成果、班组6S自检日清表、班组员工学习园地。</td></tr>
<tr><td>4. 班组TCC文化圈活动</td><td>圈内：①成员分工明确、团队目标明确、团队内价值观的统一。②依集团整体策划、方向开展如交流会、户外团队活动、PK、技能竞赛、公益活动、轮流做组长等形式多样的活动。③设置专门的看板/板报，并组织小组定期作总结、报告。
圈外：①接受公司推进人员指导。②与其他TCC交流、互相借鉴、相互学习。</td></tr>
<tr><td colspan="2">可期待的效果：
①夯实企业正常发展的文化基础：共同的价值观。②培育科学的“以人为本”管理理念及实战成果。③通过管理的可视化、透明化，最终实现班组自主管理。④营造良好的文化氛围，促进成员相互交流、共同提高。⑤引导大家追求“五星级班组”，迈向卓越班组。</td></tr>
</table>

班组建设主要实施的训练课程

NO.	课程内容	训练方式	参加人员
1	班组长角色认知	CR 课堂/SS 自学	组长、科长
2	班组长日清管理	CR 课堂/OP 实践操作	组长、科长
3	班组标准作业管理	CR 课堂/OL 现场观摩/OP 实践操作	组长、科长
4	班组员工教导培育	CR 课堂/OL 现场观摩/OP 实践操作	组长、科长
5	班组 TPM 维保管理	CR 课堂/OL 现场观摩/OP 实践操作	组长、科长
6	班组 IE 与精益改善	CR 课堂/OL 现场观摩/OP 实践操作	组长、科长
7	班组现场质量控制	CR 课堂/OL 现场观摩/OP 实践操作	组长、科长
8	班组 QCC 改善推行	CR 课堂/OL 现场观摩/OP 实践操作	组长、科长
9	班组提案与问题解决	CR 课堂/OL 现场观摩/OP 实践操作	组长、科长
10	班组目视化管理	CR 课堂/OL 现场观摩/OP 实践操作	组长、科长
11	班组员工沟通协调	CR 课堂/SS 自学	组长、科长
12	班组团队高效激励	CR 课堂/SS 自学	组长、科长
13	班组长如何辅助上司	CR 课堂/SS 自学	组长、科长
14	晨夕会演练与 PK	CR 课堂/OL 现场观摩/OP 实践操作	组长、科长
15	班组风采展示与 PK	CR 课堂/OL 现场观摩/OP 实践操作	组长、科长
备注：每个课程集中训练时间不低于 2 小时，现场指导与实践操作时间将依据现场学员的接受程度而定，学员训练后将接受统一的 SOC 鉴定。			